1 MONTH OF
FREE
READING

at

www.ForgottenBooks.com

By purchasing this book you are eligible for one month membership to ForgottenBooks.com, giving you unlimited access to our entire collection of over 1,000,000 titles via our web site and mobile apps.

To claim your free month visit:

www.forgottenbooks.com/free686821

ISBN 978-0-666-00980-7
PIBN 10686821

This book is a reproduction of an important historical work. Forgotten Books uses state-of-the-art technology to digitally reconstruct the work, preserving the original format whilst repairing imperfections present in the aged copy. In rare cases, an imperfection in the original, such as a blemish or missing page, may be replicated in our edition. We do, however, repair the vast majority of imperfections successfully; any imperfections that remain are intentionally left to preserve the state of such historical works.

MÉMOIRES

DE LA

SOCIETÉ FRANÇAISE DE NUMISMATIQUE
ET D'ARCHÉOLOGIE

PUBLIÉS SOUS LA DIRECTION

DE

A. LEMAITRE
directeur des Mémoires de cette Société

.

SECTION D'ART HÉRALDIQUE

PARIS

AU SIEGE DE LA SOCIÉTÉ FRANÇAISE DE NUMISMATIQUE
ET D'ARCHÉOLOGIE
58, *Rue de l'Université*, 58

—

AVANT-PROPOS

La tâche que je me suis imposée en rassemblant les documents de cet Armorial *n'a point été celle d'un historien.*

L'histoire de nos provinces se compose d'éléments trop complexes et elle embrasse, même dans ses divisions locales, un trop vaste cadre, pour qu'on puisse entreprendre de l'édifier solidement avant d'en avoir réuni et classé tous les matériaux, sous le contrôle vigilant d'une critique éclairée. Humble chercheur, j'apporte une simple pierre à l'édifice, en laissant à de plus dignes le soin de le construire.

Tel a été l'unique but de mon ambition ; cependant, je dois l'avouer, le succès n'a pas toujours répondu à mes efforts aussi complétement que je l'aurais désiré. L'histoire ecclésiastique d'Avignon se perd dans les premiers temps de notre ère, et parmi les plus anciennes cités chrétiennes de la Gaule, il en est peu qui aient joué un rôle aussi important ou dont les annales renferment un plus riche patrimoine de dates mémorables et de noms illustres. Malgré le soin minutieux que j'ai consacré à mes recherches, il m'a été impossible de combler toutes les lacunes de cette longue période ; bien des questions n'ont pu qu'être ébauchées, et plus d'un point obscur a dû rester dans l'ombre. J'appelle de tous mes vœux les rectifications et les conseils, trop heureux si, en les provoquant, je réussis à faire jaillir la lumière et à servir ainsi, même indirectement, la cause du progrès.

Ces vues ont aussi été celles de l'éminent rapporteur de la commission au concours d'histoire ouvert en 1873, sous les auspices de la ville de Toulon, par la Société académique du Var, et c'est avec la plus extrême bienveillance que M. le comte de Villeneuve-Flayosc, en les exposant, a résumé ainsi son appréciation sur mon manuscrit : « Ebauche d'une grande entreprise digne d'éloges... esquisse préparatoire d'une rédaction définitive qui fera de cette œuvre un véritable monument d'histoire, à la fois générale et locale. »

Enfin je considère comme un devoir d'exprimer à mon ami M. Laugier, le savant conservateur du Cabinet des médailles de Marseille, toute ma gratitude pour la complaisance et le désintéressement qu'il a mis à me prêter le concours de son talent héraldique. Ses dessins, habilement reproduits par le burin de M. Vabre, constituent certainement le principal mérite de cet Armorial.

Henri REYNARD-LESPINASSE.

Membre correspondant de la Société française
de Numismatique et d'Archéologie.

NOTE SUR L'ÉGLISE D'AVIGNON

Le diocèse d'Avignon, depuis sa création, a fait partie de la province ecclésiastique de Vienne jusqu'à la fin du IV° siècle.

A cette époque, toute la partie méridionale de cette province en fut détachée; Arles, érigé en siége métropolitain, reçut comme suffragants, en même temps que l'évêché d'Avignon, ceux de Marseille, Saint-Paul-Trois-Châteaux, Toulon, Orange, Cavaillon, Carpentras et Vaison.

Une bulle du pape Sixte IV du 21 novembre 1475 détacha de la métropole d'Arles les quatre évêchés d'Avignon, Carpentras, Cavaillon et Vaison, qui formèrent une nouvelle province dont Avignon devint la métropole. Son premier titulaire fut le neveu de ce pape, Julien de la Rovère, devenu plus tard pape lui-même sous le nom de Jules II.

En 1790, la province d'Avignon fut supprimée et réunie au diocèse de Nîmes.

Le concordat de 1802 rétablit son siège, mais comme simple évêché suffragant du métropolitain d'Aix. Un seul évêque l'occupa.

Enfin en 1822 notre ville reprit son ancien rang de métropole et reçut comme suffragants les évêchés de Viviers, Valence, Nîmes et Montpellier.

PREMIERE PARTIE

ÉVÊQUES ET ARCHEVÊQUES

ARMORIAL HISTORIQUE

DU DIOCÈSE

ET DE L'ÉTAT D'AVIGNON

PAR

Henri REYNARD-LESPINASSE

--- --- ---

Une tradition généralement admise place dans le premier siècle de notre ère le berceau de l'Église d'Avignon. Elle nous apprend que sainte Marthe, l'illustre hôtesse de Jésus-Christ, est venue en 62 (1) évangéliser cette ville, que devaient illustrer tant de saints et de savants prélats, et à laquelle était réservé l'insigne honneur de devenir plus tard la capitale du monde catholique, par le séjour presque séculaire qu'y firent les souverains pontifes.

D'après les anciens auteurs, Marthe aurait exercé son apostolat sur le lieu même où existe aujourd'hui l'église de Notre-Dame des Doms. Elle aurait, sur ce point, construit un petit sanctuaire en l'honneur de la sainte Vierge, et c'est sur l'emplacement de ce modeste sanctuaire que Constantin d'abord, et Charlemagne ensuite auraient plus tard édifié et agrandi successivement l'église actuelle.

Cet édifice, de peu d'apparence au point de vue architectural et

---

1. En 48 d'après une notice sans nom d'auteur que l'on trouve à la métropole d'Avignon.

artistique, a un mérite archéologique qu'il n'entre pas dans mon cadre de faire ressortir, mais qui a été déjà traité par les spécialistes dans de nombreuses notices.

Au point de vue historique, par contre, il en est certainement bien peu d'autres qui puissent se prévaloir d'aussi glorieux souvenirs ; citons en passant le sacre et l'intronisation de trois papes, d'Innocent VI en 1352, d'Urbain V en 1362, et de Grégoire XI en 1371; le sacre de Louis d'Anjou, roi de Sicile et de Jérusalem, auquel assista le roi Charles VI, le 22 octobre 1380, et enfin la remise de la *rose d'or* au roi Martin d'Aragon, le 31 mars 1397.

L'inscription suivante, qui existait autrefois sous son porche, en dira plus, du reste, au lecteur dans ses affirmations simples et laconiques que je ne pourrais le faire dans de longues pages (1).

VIATOR
PLVRIMA PAVCIS AVDI.
HANC BASILICAM ANTIQVISSIMAM AC PIISSIMAM
OB FREQVENTEM COELESTIVM DONORVM EFFVSIONEM
AVVLSI PIETATE NOSTRÆ DOMINÆ DE DONIS ² NVNCVPATAM,

---

1. « Sous le porche de l'église on a pu lire jusqu'en l'année 1771, su‾ une pierre rongée par le nitre, contre le mur, à environ une canne d'élévation, l'inscription suivante...... (celle que nous allons transcrire). Mais en ladite année cette inscription fut regravée sur une grande pierre blanche qu'on incrusta dans le mur où se trouvait auparavant le tableau de S. Bruno, peu éloigné de la porte qui conduisait directement de l'église au cloître. (D. POLYCARPE DE LA RIVIÈRE.)

Trois des fragments de cette grande pierre, qui n'était elle-même qu'un débris de l'ancien tombeau du pape Benoît XII, existent encore aujourd'hui au musée Calvet, catalogués sous le numéro 226, et c'est sur ces fragments que M. l'abbé Correnson a bien voulu relever à mon intention cette inscription qui était, du reste, déjà connue.

Le nom de cet ami est destiné à revenir trop souvent sous ma plume, dans le cours de ce travail, pour que je ne saisisse pas, dès le début, l'occasion de lui exprimer ma profonde reconnaissance pour l'inépuisable obligeance qu'il a mise à me fournir une foule de renseignements ignorés, que ses laborieuses recherches lui ont permis d'amasser depuis de longues années qu'il a consacrées à l'étude de notre histoire ecclésiastique locale.

2. D'après ce texte l'on devrait dire *Notre-Dame des Dons* et non des *Doms*. J'accepte d'autant plus volontiers la première de ces expressions, qu'elle est puissamment justifiée par dom Polycarpe de la Rivière, le savant chartreux de Bompas, dans ses *Annales manuscrites de la ville d'Avignon*, qui font partie de la Bibliothèque publique de Carpentras où elles sont arrivées avec la collection du président de Mazaugues, qui lui-même avait acheté ce précieux manuscrit d'un sieur Reybaud, d'Arles, héritier de dom Polycarpe, Si donc je continue à écrire des *Doms*, c'est moins par conviction d'être dans le vrai que pour accepter une orthographe nouvelle généralement adoptée aujourd'hui, quoique à tort.

Je voudrais pouvoir justifier la confiance absolue que m'inspire dom Polycarpe, mais

Sᴛᴀ MARTHA IESV CHRISTI DEI ET DNI HOSPITA
· PER. D. RVFVM DÑI DISCIPVLVM PRIMVM AVENION. EPͦVM
IN HONOREM B. M̃Æ VIRGINIS IN COELVM NVNDͦV. ASSVMPTÆ
DEO DICAVIT.
CONSTANTINVS MAGNVS IMPERATOR REGIÂ STRVCTVRA
AMPLIAVIT,
CAROLVS MARTELVS A SARACENORVM IMPIETATE
PENE DIRVTAM VINDICAVIT,
CAROLI MAGNI REGIS ET IMPERATORIS PIISSIMI
MVNIFICENTIA᷄ REINTEGRATAM IESVS CHRISTVS VT CONSTANS
[TRADITIO DOCET
AC DECLARATVR SVMMORVM PONTIFICIVM
IOANNIS XXII ET SIXTI IV CONSTITVTIONIBVS
DATIS XI KALENDIS XᴮRIS ANNIS 1333 ET 1475
SVA ŜM̃A MANV CONSECRAVIT,
Sᴛᴀ SEDES APͪICA SVMMORVM PONTIFICIVM PER LXX AN. ET AMPLIVS
ASSIDVA PIETATE NOBILITAVIT,
QVORVM ALIQVI IN EADEM BASILICÂ VNÂ CVM MVLTIS CARDINALI-
[BVS REQVIESCVNT
SIXTVS IV REGVLARE CAPITVLVM IN SECVLARE MVTAVIT
ÓB PRETIOSÂ SVPPELLECTILI ET AMPLIS REDDITIBVS
AVXIT,
EIVSDEM NEPOS PRIMͦV EPPͦV̂S TVM ARCHIEPͦV̂S AVEN.
IVLiVS 2ᵛˢ PONTIFEX MAXIMVS ET CͪRISTIANORVM REGVM PIETAS
PRIVILEGIIS ILLVSTRAVIT.

ORA ET VALE

La même tradition nous apprend également que peu d'années
après, vers 70 environ, Avignon recevait son premier pasteur (1).

---

ce serait me laisser entraîner au delà des limites que je me suis imposées ; je me bornerai à renvoyer le lecteur aux appréciations de M. Cambis-Velleron dans ses *Annales
manuscrites* qui font partie de la Bibliothèque *Requien*, actuellement au musée Calvet
d'Avignon ; il y trouvera, t. I, p. 10, 11, 290 et suivantes, la justification la plus complète du savant religieux et la réfutation des odieuses imputations dont une secte
mal intentionnée a cherché a salir sa mémoire.

1. Duʙʏ (*Monnaies baronnales*), t. II, p. 230 ; et Bᴀʀᴊᴀᴠᴇʟ (*Bio-Bibliographie vauclusienne*), t. II, p. 236, placent l'épiscopat de S. Ruf vers le milieu du ɪɪɪᵉ siècle.

Saint RUF. — Cette tradition acceptée par la presque géné-
ralité des annalistes nous le donne comme fils de Simon le Cyré-
néen (1), le compagnon de saint Paul dans son apostolat et l'un des
72 disciples (2).

Placé par le grand Apôtre à la tête de l'Église de Thèbes, il ne
tarda pas à la quitter pour le suivre en Espagne, où il fut évêque
de Tortose; de là, il fut envoyé dans les Gaules, et, à la suite de
péripéties diverses, vint à Avignon, où il jeta les premiers fondements de l'abbaye qui devait devenir si célèbre sous son vocable.
Il y mourut vers 90 et y fut inhumé. Plus tard, à l'époque des
invasions barbares, ses reliques furent transportées à Notre-Dame
des Doms, où elles furent vénérées jusqu'à l'époque de la révolution, qui les dispersa.

Pendant trois ou quatre siècles une obscurité à peu près complète
règne sur notre histoire locale, et de bien rares documents justifient
l'existence des évêques qui ont administré le diocèse d'Avignon.
Un certain nombre de ceux que j'indique ne le sont que sur le
témoignage de dom Polycarpe de la Rivière, qui lui-même les
mentionne d'après un manuscrit de *Jean Savaron*, antérieur au
seizième siècle, et aussi d'après les nombreux documents manuscrits qui existaient à l'abbaye de Saint-André-lez-Avignon qu'il a
pu consulter.

96 CARUS. — Est nommément désigné au nombre des évêques
envoyés dans les Gaules par le pape Clément Ier.

Saint JUST. — Est qualifié d'évêque d'Avignon dans l'office de
saint Ruf au vieux bréviaire manuscrit de l'Église d'Avignon et de
l'abbaye de Valence. Son tombeau, qui, au dire de Nouguier,
existait encore dans la première moitié du dix-septième siècle,
dans l'église de Saint-Ruf, portait l'inscription : *Ossa beati Justi*.

On ne trouve son nom cité qu'une seule fois dans l'histoire locale,

---

1. « Angariaverunt prætereuntem quempiam Simonem Cyrenæum venientem de
villa, patrem Alexandri et Rufi, ut tolleret crucem ejus. » (*Evang.* de S. Marc, xv, 21.)
2. « Salutate Rufum electum in Domino et matrem ejus et meam. » (S. Paul, *Ep.
aux Rom.*, xvi, 13.)

et c'est dans un acte de 1038, par lequel Benoît, évêque d'Avignon, donne à son Église l'abbaye de Saint-Ruf, *dans laquelle*, dit-il, *existe le corps du bienheureux saint Just.*

IGILIUS ou VIGILIUS. — Est nommé par Savaron dans les manuscrits de Saint-André comme successeur de saint Just et désigné comme étant venu de Vienne (1).

EBULUS. — Les mêmes chronologistes l'indiquent comme ayant été envoyé de Rome par le pape saint Victor I*er* pour régir cette Église.

C'est aussi probablement le même dont le pape saint Victor parle dans une lettre écrite à *Desiderius*, évêque de Vienne, au sujet de l'observation de la Pâque.

JOHANNES. — Est cité comme ayant été amené de Rome par *Ebulus*, auquel il succéda.

ASTERIUS. — Le catalogue de Savaron le désigne sous le nom d'*Æterius*. Il fit construire à ses frais un oratoire en l'honneur de saint André sur le mont *Andaon,* et y fut inhumé d'après sa recommandation expresse.

SECUNDINUS. — Prêtre de l'Église d'Arles ; est mentionné comme le 1*er* évêque d'Avignon élu par les suffrages réunis du clergé et du peuple.

Saint AMATIUS ou AMATINUS ou AMATUS. — D'après dom Polycarpe, ce serait lui dont parle *Acacius*, livre I*er* *de Passionibus sanctorum ;* il y est désigné comme ayant souffert le martyre sous Gallien.

Nouguier, qui place cet évêque en 409, dit qu'il fut martyrisé par les Vandales au lieu actuellement appelé Saint-Chamans, où fut construite une chapelle qui contenait ses restes. Cette chapelle, de la dépendance de Notre-Dame des Doms, n'existe plus aujour-

---

1. Entre *Igilius* et *Ebulus* dom Polycarpe place un évêque de nom inconnu.

d'hui. Sur son emplacement a été construite une fort belle habitation, propriété actuelle des PP. Jésuites.

281   CŒDICIUS. — Est simplement nommé en sa qualité d'évêque d'Avignon.

298 .   PRIMUS. — Diacre de l'Église d'Avignon, fut le premier pour lequel on consacra l'usage du sacre par trois évêques, en présence de tout le peuple. Il mourut à Avignon et fut enterré dans une église ou chapelle sous le vocable de Saint-Pierre.

324   FRONTINUS. — Né en Italie, de riches et nobles parents, Il était prêtre à Rome et s'enfuit dans les Gaules pour se mettre à l'abri de la persécution de Galère Maxime. Il se fixa à Avignon où sa réputation de sainteté lui valut la succession de Primus.

326   AVENTIUS. — L'inscription suivante, donnée par le *Gallia Christiana,* attribue à cet évêque, en 326, la consécration de l'église de Notre-Dame des Doms que Constantin venait de réédifier :

« Dedicatio novæ ecclesiæ Sanctæ Mariæ Avenicæ a Constantino imperatore magnifico opere restauratæ anno Dominicæ incarnationis cccxxvi, mense Aug. xvi cal. septembris, et trium altarium in ea erectorum ab Aventio episcopo (1). »

329   REGILIUS ou REGINUS. — Fit établir un cimetière et construire une petite église, de forme ronde, dans une île du Rhône qui a depuis été jointe à la terre ferme. C'est sur l'emplacement de cette chapelle que, plus tard, fut construite la magnifique église du couvent des FF. Prêcheurs.

346   METIANUS. — Signa une lettre avec Nectarius évêque de Vienne, Eradius évêque d'Orange, et Celsas évêque de Die, contre Saturnin évêque d'Arles, accusé d'arianisme (2).

---

1. *Gallia,* t. Ier, p. 85b.
2. Nouguier assigne à cet évêque la date de 356.

53 ANTISTIUS. — D'après d'anciens chronologistes, il aurait été sacré aux calendes d'avril et serait mort au mois de juin 372.

2 JUSTUS II. — Savaron et les manuscrits de Saint-André le citent d'après un ancien recueil de conciles manuscrit, dans lequel la signature de cet évêque existait avec la mention suivante : *Ego Justus Avenicæ episcopus, opto vos fratres bene valere;* cette signature se trouvait entre celle de *Simplice* évêque d'Autun et celle d'*Evortius* évêque d'Orléans.

o STEPHANUS. — Bien qu'assez longuement mentionné par les auteurs déjà cités, aucune pièce n'est apportée par eux en preuve de son épiscopat. Ils disent seulement qu'il fut inhumé dans la cathédrale devant le maître-autel.

4 N..... — Cet évêque, dont le nom est inconnu, n'est mentionné que par une initiale ; on sait seulement qu'il n'administra le diocèse que pendant quatre ans et que de 408 à 414 le siége resta vacant.

4 JOHANNES II. — Dom Polycarpe dit qu'il est mort le 1er des calendes d'août 429 et qu'il administra le diocèse pendant quinze ans ; Savaron, dans son *Catalogus Avenionen. Antistitum,* ne lui donne que quatorze ans d'épiscopat.

Un catalogue de Saint-André dit qu'il fut un insigne bienfaiteur de sa cathédrale et qu'il y fut inhumé.

9 DEBO ou BEBO. — Les anciens manuscrits de Saint-André disent qu'il avait exercé les fonctions de sénateur de la ville, et qu'il reçut la prêtrise et le sacre épiscopal de saint Honorat. D'après les mêmes documents, il fit rebâtir à ses frais une église sous le vocable de Saint-Paul, précédemment détruite par les Vandales, et la troisième année de son épiscopat il la consacra, non plus seulement à saint Paul, mais à saint Pierre et saint Paul ; à cette consécration assistèrent quatre évêques et un grand concours de prêtres. Il a siégé pendant environ huit ans.

437   JULIUS. — Fils du précédent, ordonné par Hilaire évêque d'Arles, Augustale évêque d'Orange et Portien évêque de Cavaillon; intervint en 439 au synode de Riez, convoqué par saint Hilaire évêque de la province d'Arles, et y souscrivit en ces termes : *Ego Julius Avenionensis episcopus, his statutis interfui et suscripsi, die et consule suprascripto.*

449   MAXIMUS. — Souscrivit en 451 à la lettre synodique des évêques des Gaules à saint Léon le Grand relative à un conflit entre les archevêques d'Arles et de Vienne, parce que ce dernier s'était attribué l'ordination de l'évêque de Vaison. Le pape, dans sa réponse aux évêques des Gaules la même année, y mentionne nommément notre évêque.

455   DONATUS. — Plusieurs auteurs contestent son épiscopat et pensent que Dom Polycarpe le confond avec saint Donat de Sisteron. L'église de Notre-Dame des Doms a possédé jusqu'à la révolution française le corps de ce saint, qu'elle avait reçu de l'église de Saint-Agricol avec ceux de saint Maxime et de saint Veredème en échange des corps de saint Magne et de saint Agricol.

464   SATURNINUS. — Assista au concile assemblé par le pape saint Hilaire dans l'église de Sainte-Marie Majeure en 465, à l'occasion de l'anniversaire de son ordination; il en souscrivit les actes en ces termes : *Saturninus Avinionensis provinciæ episcopus.*

475   ELOTHERUS ou ELEUTHERIUS. — Pas de preuves certaines de son épiscopat; d'après un ancien manuscrit, il aurait été aussi évêque de Tournon.

498   JULIANUS. — Dom Polycarpe dit qu'il fut élu au mois d'octobre et mourut subitement le 4 des ides de décembre 515.

La *France ecclésiastique* le cite comme ayant souscrit au concile d'Arles en 475, par conséquent avant son épiscopat, et comme ayant envoyé à celui d'Agde un prêtre du nom de Pompée qui l'y représenta. Ce chronologiste assigne à cet évêque la date de 506.

6 SALUTARIS. — Assista au synode d'Epaone et y signa *Salutaris Avenionensis.* La même pièce contient, à la suite des signatures des divers évêques qui en firent partie, celle d'un prêtre du nom de *Peladius,* avec la mention suivante : *Peladius presbyter, jussu domini Salutaris episc. civit. Avenicæ huic deffinitioni interfui et suscripsi* (1).

3 EUCHERIUS. — Assista en 523 au quatrième synode d'Arles, ouvert le 8 des ides de juin, et y souscrivit comme suit : *Eucherius in Christi nomine Avenicæ Ecclesiæ episcopus consensi et suscripsi.* Il existait aussi à la même époque un évêque de Lyon du même nom, mais qui ne peut être le même que le nôtre, puisque l'un et l'autre assistèrent au deuxième concile d'Orange et ont souscrit les décrets, celui de Lyon d'abord, celui d'Avignon immédiatement après.

En 527 il figure encore au concile de Carpentras et y signe le troisième.

5 ERMENIUS. — Prévôt et abbé du monastère de Sainte-Croix d'Arles, fut sacré par Césaire archevêque de cette métropole dans l'église de la Vierge Marie d'Avignon. L'on croit que c'est de lui qu'il est question dans la lettre quatorzième du pape Boniface II à Césaire évêque d'Arles, écrite en 590 pour confirmer les décrets du deuxième synode d'Orange.

Un ancien manuscrit de Saint-André le mentionne en ces termes : *Ermenius, ex conversatione et regimine Arelatensis monasterii ad pastoralem cathedram Avenionensem evectus, Ecclesiæ præsul egregius, prudens et pervigil fuit, divinæque gloriæ et beatæ Mariæ Virginis Dei matris obsequii studiosus.*

ANTONINUS. — Archidiacre de l'Eglise d'Orange, assista au quatrième concile d'Orléans en 541, et se fit représenter au cinquième de la même ville en 549 par *Marin,* un de ses prêtres. Il

---

1. L'existence de Salutaris comme évêque d'Avignon est contestée; quelques auteurs croient qu'il a été évêque d'Avenches (*Aventicum*) et non d'Avignon.

assista aussi au concile d'Arles en 554 et y signa le troisième. Il mourut en 563.

Grégoire de Toùrs, liv. VI, dit qu'en 558 Clotaire Ier désigna pour l'évêché d'Avignon *Dumnolus*, abbé de Saint-Laurent à Paris, lequel ne voulut pas accepter et fut plus tard pourvu de l'évêché du *Mans*.

564   JOHANNES III (1).— Etait de noble naissance, avait exercé les fonctions de sénateur de la ville et était marié. Après la mort de son épouse, il fut appelé, par le vœu unanime du clergé et du peuple, à l'épiscopat. Il assista, en 584 ou 585, par procureur au concile de Mâcon et ce procureur y signa le dix-septième. Il mourut la vingt-septième année de son épiscopat, le 16 juillet 590.

587   VALENS.— On le croit époux de sainte Cazarie, qui mena une vie d'austérités dans une grotte du mont Andaon, où fut plus tard construit le fort Saint-André. Cazarie mourut en 587 (2). C'est vers cette époque à peu près que l'on place l'élection de Valens à l'évêché d'Avignon, qu'il administra pendant quatre ans. Nouguier indique 591 comme étant l'année de sa mort.

Dom Polycarpe mentionne un évêque de nom inconnu en 590 et qu'il ne désigne que par l'initiale N...... Ne serait-ce pas de Valens qu'il aura voulu parler ?

605   DYNAMIUS. — Prêtre de Marseille, administra le diocèse pendant vingt-deux ans. Il était de sang noble et avait été préfet ou gouverneur de la province. Le *Gallia christiana* donne son épitaphe composée de seize vers et se terminant par la mention suivante :

Depos. est sub die nono calend. Januar.
Indict. XV anno D. N. Clotarii XXXX
Episcopatus XXII, vixit p. m. LXXIIX.

---

1. Nouguier lui assigne la date de 585.
2. Nouguier donne son épitaphe d'après Baronius.

Saint MAXIMUS II. — Fut nommé évêque sous le pape Honorius en 627 et administra le diocèse pendant trois ans (1). Ses reliques reposaient avec celles de saint Donat sur le maître-autel de Notre-Dame des Doms.

Dom Polycarpe cite en 628 un évêque de nom inconnu qu'il désigne sous l'initiale O......

EDMOND. — Quatrième abbé de Montmajour, occupa le siége d'Avignon pendant quinze ans. Nouguier le mentionne, dit-il, d'après un manuscrit.

Encore ici dom Polycarpe place en 669 et sous l'initiale R.... un évêque de nom inconnu.

Saint MAGNE. — Appartenait à une illustre famille gallo-romaine du nom d'Albin. De 575 à 579 un membre de cette maison gouvernait la province sous Sigebert; on le croit père de Magne. Ce dernier occupa lui-même avec distinction la charge de sénateur de la ville. Marié avec *Gandaltrude,* d'origine franque, qui prit après son mariage le nom d'*Augustodiale,* il fut élu évêque d'Avignon après la mort de son épouse.

On le trouve en 650 au concile de Châlons, qui eut à procéder contre Théodose, archevêque d'Arles, et en 656 au concile de Cavaillon, dont il souscrivit les décrets en ces termes : *Magnus episcopus Ecclesiæ Avenicencis suscripsi.* Il vécut encore quatre ans après, et mourut en 660, en laissant à son Église tous ses biens qui étaient considérables (2).

Il fut inhumé dans sa cathédrale et dans la chapelle qui sert aujourd'hui de sépulture aux archevêques. Ses restes furent transportés en 1321 par Jean XXII dans l'église de Saint-Agricol; ils y existent encore aujourd'hui sous le maître-autel, après avoir été sauvés des profanations révolutionnaires (3).

Saint AGRICOL (4). — Fils de saint Magne, son prédécesseur,

1. Nouguier, d'après une chronique manuscrite d'Avignon, autrefois aux archives du palais apostolique, aujourd'hui au Vatican.
2. La chronologie de dom Polycarpe place l'élection de Magne en 654.
3. *Notice historique sur l'église de Saint-Agricol,* par M. l'abbé MOUTONNET.
4. Dom Polycarpe place son épiscopat en 666.

auprès duquel il avait exercé les fonctions d'archidiacre. Il naquit en 627 et fut élevé au monastère de Lérins, où il recut la prêtrise. Magne, son père, sur le point de partir pour le concile de Châlons à un âge déjà avancé, ne voulut pas exposer son Église à rester sans pasteur, et, dans le but aussi d'éviter les troubles qu'entraînait souvent l'élection d'un évêque, il convoqua le clergé et le peuple, qui choisirent Agricol. Ce dernier administra le diocèse pendant l'absence de son père et n'en devint définitivement évêque titulaire qu'à sa mort.

Il fit bâtir l'église qui porte son nom sur l'emplacement de sa propre maison, dit la tradition, et y appela des moines de Lérins; cette église fut rebâtie plus tard et considérablement agrandie par le pape Jean XXII.

Il mourut le 2 septembre de l'an 700, à l'âge de soixante-treize ans, et la quarantième année de son épiscopat, sous le règne de Childebert III et le pontificat de Serge Iᵉʳ. Ses dépouilles mortelles furent réunies à celles de son père dans sa cathédrale, et plus tard transportées avec ces dernières dans l'église à laquelle il a donné son nom.

Le *Gallia christiana* donne l'inscription qui figure sur leur tombe commune (1).

Saint Agricol fut choisi pour patron de la ville, par décision du conseil municipal du 10 décembre 1647.

700   Saint VEREDEME. — Etait Grec d'origine et fut désigné à l'assemblée du clergé et du peuple par saint Agricol comme son successeur.

Il avait adopté la vie solitaire dans une grotte près du Gardon, où fut depuis bâti un ermitage qu'on appela, par corruption, *Sainte-Vérine*. Cette chapelle était sous la dépendance de l'abbaye de Saint-André.

Il mourut le 17 juin 720; ses ossements, placés dans un buste d'argent sur le maître-autel de Notre-Dame des Doms, furent

---

1. Voir pour plus de détails la notice déjà citée de l'abbé Moutonnet.

dispersés lors du pillage des églises à l'époque de la révolution française.

Nouguier rapporte son épitaphe d'après Fornery.

JOHANNES IV. — Sous son épiscopat Karl Martel s'empara d'Avignon et en chassa les Sarrasins. L'on croit que cet évêque, sur l'existence duquel il n'y a aucun document authentique de connu, mourut vers 750.

Les guerres continuelles qui agitèrent les Gaules à cette époque et les ruines qui en ont été les conséquences ne permettent guère de retrouver des traces de cet évêque, pas plus que de ses successeurs.

Le Catalogue déjà si souvent cité de Dom Polycarpe mentionne en 722 un évêque du nom de *Domnus*, à l'appui de l'existence duquel il n'apporte d'autre preuve que le livre du savant *Savaron* (1).

ALPHONSE. — D'anciennes chartes le signalent comme ayant travaillé pendant les cinq ans que dura son épiscopat à relever les ruines morales et matérielles de son Eglise.

JOSEPH. — Nouguier le dit natif d'Avignon. Il fut envoyé avec onze autres évêques français, à la demande du pape Etienne II, à Rome, pour y assister au concile qui devait y juger et qui y condamna l'intrus Constantin. Il y est cité comme très-savant.

C'est dans ce même concile qu'il fut réglé qu'à l'avenir l'élection des évêques serait faite par le clergé seul et qu'elle serait ensuite ratifiée par le peuple.

AMICUS. — Fut l'un des trois cent soixante-six évêques qui en 795 assistèrent à la consécration de l'ancienne église d'Aniane, abbaye de Saint-Benoît au diocèse de Montpellier. Il est désigné le

---

1. Le catalogue de dom Polycarpe ne m'était connu, au moment où j'écrivais, que par le *Monitum* que donne le *Gallia christiana* à la suite du diocèse d'Avignon. Ce *Monitum* s'arrête à *Domnus*, ce qui explique que je n'ai plus pu tenir compte de cet auteur dans ce qui suit.

treizième dans la nomenclature de ces prélats, fournie par un vieux manuscrit qui existait dans cette abbaye.

796   HUMBERT. — Gouverna l'Église d'Avignon pendant vingt-six ans. On le trouve mentionné sous ce titre dans les archives de l'Église d'Arles.

822   REMY.— Était de la famille des *Poncelin* comtes d'Avignon (1). Il fut honoré de la faveur et de l'amitié de Louis le Débonnaire, qui, par lettres patentes des septième et neuvième années de son règne, lui donne la moitié du péage sur le Rhône, les îles du fleuve voisines d'Avignon et la ville de Bédarrides pour lui et ses successeurs (2).

835   FULCHERIUS, FUSCHERIUS ou FULDERIUS, surnommé *le Grand*. — Siégea pendant dix-neuf ans. Louis le Débonnaire, par un rescrit de la douzième année de son règne, réunit plusieurs églises à sa mense épiscopale.

854   RAGENUTIUS. — Assista en 855 au concile de Valence, convoqué par Lothaire Ier, fils de Louis le Débonnaire. Ce concile condamna Godescalcus, qui prêchait une fausse doctrine sur la prédestination. Il occupa le siége pendant six ans.

860   HALDUIN, HILDUIN ou HUDUYN. — Paraît avoir été un personnage important. Il est cité en 860 à l'assemblée d'Aix-la-Chapelle, réunie par Lothaire II, roi de Lorraine, qui voulait répudier sa femme Tietberge, fille du comte Boson, qu'il accusait d'inceste avec son frère Hubert. Il fit aussi partie de l'assemblée de Pavie en 875, dans laquelle Charles le Chauve fut élu empereur. Nous le trouvons enfin encore en 876 au concile de Pontion en Champagne, où l'on couronna l'impératrice épouse de Charles le Chauve, et où l'on refusa à Louis le Germanique la moitié de la succession de Louis II.

---

1. BARJAVEL (*Bio-Bibliog. vauclusienne*) au mot *Bermond*, t. I, p. 175.
2. Pour le texte de ces donations, voir Nouguier, p. 31.

Il occupa le siége pendant dix-huit ans.

8 RATFRED. — Fut cité cette même année au concile de Troyes par le pape Jean VIII pour avoir empiété sur les droits de l'évêque d'Uzès.

Il fut l'un des vingt-trois évêques réunis à Montailles, près Valence, après la mort de Louis le Bègue, qui proclamèrent et sacrèrent Boson roi d'Arles et de Bourgogne en 879.

Il est encore désigné sous le nom de *Ratfride* dans un concile de Châlons en 875 (1).

8 REMY II.— *La France ecclésiastique* et la chronologie fournie par le *Dictionnaire de Statistique religieuse* (collection Migne) disent que son nom se trouve dans plusieurs chartes de 898 à 907.

1 FOULQUES II.— Fut le conseiller intime et le favori de Boson, roi d'Arles; il fit rebâtir les églises de Saint-Agricol, Saint-Didier, Saint-Pierre et Notre-Dame, la principale, qu'il érigea en prieuré. Cela résulte de son testament, qui existait aux archives de l'archevêché.

Entre Foulques et Vernerius, tous les chronologistes, sauf Nouguier, mentionnent les noms seuls des trois évêques suivants :

0 FLORENT,
4 à 948 RANGEFRIDE,
5 à 976 LANDRY,
sans autres indications.

Ce dernier néanmoins fait l'objet d'une note manuscrite dans l'exemplaire de Nouguier qui fait partie de la bibliothèque de Marseille. Cette note est ainsi conçue :

« On trouve dans le tome IX des Conciles, page 39, un Landry évêque d'Avignon qui assista à un concile en 955. »

---

1. Note manuscrite en marge de l'exemplaire de Nouguier qui se trouve à la bibliothèque de Marseille.

Ne serait-ce pas le même dont il va être question tout à l'heure ? Dans ce cas il y aurait chez les uns ou chez les autres une erreur de date qu'il est difficile d'éclaircir.

976   VERNERIUS. — Introduisit une réforme plus austère dans l'abbaye de Saint-André de Villeneuve et répara son monastère de ses propres deniers. Les manuscrits qui existaient dans cette abbaye en font foi.

996   LANDERIUS. — Son nom figure dans une bulle du pape Jean XVI, confirmative des priviléges de l'Église d'Avignon.

1002   PIERRE. — Figure comme témoin dans un acte par lequel Amalric, archevêque d'Arles, donne à l'abbé et au monastère de Montmajour l'église de Pertuis. Cet acte porte aussi la signature d'Adalays, comtesse de Provence.

Il siégea pendant trois ans.

1005   HELDEBERT ou ALDEBERT. — Donna à Martin, abbé de Saint-André, l'église de Lirac, et souscrivit aussi à la donation que les comtes Geoffroy et Bertrand firent à l'Église d'Avignon de l'île *Mayranicas* et de son territoire l'an 1033 (1).

1037   SENIORET. — Figure comme consentant (*consentiente Senioreto Avenionen episcopo*) une donation faite par le comte Bertrand au monastère de Montmajour de l'église de Saint-Aroan près Tarascon.

1038   BENOIT Ier. — Rétablit en 1038 le monastère de Saint-Ruf, qu'il donne à quatre chanoines de Notre-Dame des Doms, et y établit la règle de saint Augustin.

Il est cité comme ayant assisté à la consécration de l'église, cathédrale de Marseille par le pape Benoît IX, le 15 octobre 1040 (1). Il siégea pendant douze ans.

---

1. Nouguier donne le texte de cet acte, p. 37.
2. D'après Nouguier ce serait la consécration de l'église de Saint-Victor.

ROSTAING Ier. — Fils de Berenger, comte d'Avignon, et de Gilberge. En 1054, il fait donation à l'abbaye de Montmajour des églises de Saint-Victor et de Saint-Jean *in castro Bucei.*

Sous son épiscopat la comtesse Oda fonde un monastère de religieuses de Saint-Benoît sur le mont *Lavenic*, qu'on appela Mont-des-Vierges et plus tard par corruption Mont-de-Vergues. L'emplacement de ce monastère est aujourd'hui occupé par un hospice d'aliénés.

En 1060 fut tenu le premier grand concile d'Avignon, convoqué par Hugues abbé de Cluny et légat du pape Nicolas II (1).

ALBERT. — Fait adopter la vie régulière par le chapitre de sa cathédrale de Notre-Dame des Doms sous la règle de saint Augustin. Ce changement fut approuvé par le pape Urbain II, ainsi que cela résulte d'une bulle de ce pape, datée d'Avignon, où il se trouvait occasionnellement (2).

En 1086 il se trouva présent à l'acte de donation au monastère de Saint-André de la ville de Villeneuve, par Raymond de Saint-Gilles, comte de Toulouse, duc de Narbonne et marquis de Provence (3).

Il abdiqua en 1094, et alors Gibelin, archevêque d'Arles, prit l'administration momentanée du diocèse d'Avignon.

A la fin de ses jours, il donna à son chapitre les revenus de quelques églises de sa dépendance (4).

ARIBERT. — Élu en 1104, il quitta le siége en 1107 pour aller prendre l'administration du diocèse d'Arles, en remplacement de Gibelin, qui venait d'être envoyé en Palestine par le pape

---

1. Nouguier, qui place ce concile en 1080, dit qu'il fut présidé par Hugues évêque de Die (1073 à 1092) et légat de Grégoire VII.
2. Nouguier, p. 41, donne le texte de cette bulle.
3. Lors de la désunion de l'évêché d'Orange de celui de Saint-Paul-Trois-Châteaux, on élut Bérenger, chanoine régulier de Saint-Ruf, évêque d'Orange, en présence de Gibelin, archevêque d'Arles; d'Albert, évêque d'Avignon; de Laugier, évêque de Viviers, et de Liébert, abbé de Saint-Ruf. (PITHON-CURT, t. IV, p. 9.)
Bien que cette élection ne soit pas datée, on estime qu'elle est de 1107, ce qui pourrait faire supposer que c'est d'Aribert, son successeur, qu'il s'agit.
4. Voir Nouguier, p. 24, pour le texte de cette donation.

Paul II, qui le nomma plus tard patriarche de Jérusalem.

Mais il paraît qu'Aribert n'administra ce diocèse que comme intérimaire, et pendant deux ans seulement; son nom ne figure pas dans les chronologies de la province d'Arles.

Il mourut, croit-on, en 1118 et le 7 des ides de mars (1).

1110 ROSTAING II AUTORGAT. — Né à Avignon d'une famille très-illustre et qui possédait les charges les plus élevées de la ville (2)..Il assista le pape Calixte II avec plusieurs autres prélats lorsqu'il vint en 1119 consacrer l'église de Viviers.

Ce même pape confirma le don qu'avait fait Rostaing à l'abbaye de Montmajour, d'une chapelle bâtie dans la tour de Saint-Remy.

Il siégea pendant seize ans.

1126 LANGERIUS ou LAUGIER. — De la maison d'Adhémar, figure comme témoin dans une sentence prononcée en 1126 par l'archevêque d'Aix en faveur de l'Église d'Avignon. Il prit part à la donation faite par Bernard, archevêque d Arles, de l'église de Saint-Thomas aux chevaliers de Saint-Jean de Jérusalem.

Il assista également à l'acte de prestation de serment de fidélité que Raymond Geoffroy de Marseille prêta à l'archevêque d'Arles Bernard en 1132, et qui débute en ces termes :

« In præsentia L...... Avenionensis episcopi et Domini P..... (Paul III de Lubières), Aquensis Ecclesiæ electi,, etc., etc.(3). »

1146 MAXIME III. — On ne connaît de lui aucun acte. Nouguier, sans se prononcer sur son existence, met en grand doute son

---

1. Je trouve cette date dans une inscription que l'on voyait encore, il y a peu d'années, à l'église de Maguelonne. Cette inscription, gravée dans une pierre formant l'angle de la petite chapelle à droite de la nef, m'est fournie par l'*Histoire architectonique de l'église de Maguelonne*, par J. Renouyer. Montpellier, Vve Picot, 1836. Elle est ainsi conçue :

VII : IDS : MARCII OB : ARBTS : AVINONENSIS EPS

2. Un de ses parents, un petit-neveu peut-être, Pierre Autorgat, était consul d'Avignon en 1216.

3. *Chronologie des souverains de Provence*, par Blancard.

épiscopat. L'auteur du *Précis de l'histoire d'Avignon* ne cite que son nom.

WALFRIDUS ou GEOFFROY. — A joué un grand rôle. Avignon, de temps immémorial, était administrée par des consuls qui exerçaient le pouvoir sous l'autorité immédiate de ses comtes ou vicomtes, vassaux des comtes de Toulouse, de Provence et de Forcalquier, d'où ressortaient de nombreux conflits. Vers 1135, Guillaume III, de Forcalquier, céda aux consuls ses droits sur la ville. Cette cession fut confirmée plus tard, en 1208, par un de ses successeurs, Guillaume V. Les priviléges et immunités qui résultaient de cette cession furent également confirmés par l'empereur Frédéric Barberousse, dans l'assemblée qu'il tint à Besançon vers 1157 (1). Walfridus fut l'auteur des premières négociations auxquelles Avignon dut son affranchissement, et ce fut lui qui rédigea les lois de la nouvelle république.

Notre prélat assista, en 1152, à la translation des reliques de saint Trophime, qu'on retira de l'église de Saint-Honorat hors les murs, pour les déposer dans l'église métropolitaine d'Arles qui porte son nom.

Il est cité en 1154 comme arbitre entre le monastère de Saint-André et l'évêque de Cavaillon *Alphant,* au sujet de l'église de Saint-Philéas, et se prononça en faveur du monastère.

Il est enfin mentionné dans une bulle du pape Adrien IV, donnée à Rome le 24 avril 1155, par laquelle ce pontife prend sous sa protection particulière et sous celle du Saint-Siége l'évêché et l'Eglise d'Avignon.

Il occupa le siége pendant quatorze ans.

ARTAUD. — Fut présent à l'acte par lequel Ildefonse, roi d'Aragon, accorde à l'archevêque d'Arles, Raymond, l'autorisation de creuser un canal de la Durance à Salon. Nostradamus le cite à ce sujet dans son *Histoire de Provence.*

La *Chronologie* de Migne ne mentionne pas cet évêque, mais

---

1. Voir pour le texte de cette charte Nouguier, p. 48.

elle cite les deux suivants, dont l'existence n'est pas démontrée :

1171   PIERRE II.

1173   GEOFFROY II.

1174   RAYMOND. — Nouguier dit l'avoir vu cité dans deux vieux catalogues de nos évêques et désigné *Raymundus episcop. Avenion.* Dans d'autres titres de 1174, il est simplement désigné par son initiale R..., notamment par dom Polycarpe, à la date de 1170.

1176   PONTIUS. — Sous son épiscopat, saint Benezet commença à construire le fameux pont sur le Rhône qui porte son nom (1177) et qui ne fut terminé qu'en 1185 (1).

1179   PIERRE II. — Assista au onzième concile œcuménique tenu à Latran par Alexandre III le 5 mai 1179.

1180   ROSTAING III DE MARGUERITE. — D'une illustre famille, originaire d'Avignon, assista Imbert d'Eyguières, archevêque d'Arles, à la consécration de l'église de Sainte-Marthe de Tarascon, en 1197, ainsi que cela résulte d'une inscription qui existait sur un des murs de cette église et que relate Nouguier.

L'administration de cet évêque nous est encore révélée par les deux documents suivants, dont les originaux existent dans les archives départementales des Bouches-du-Rhône :

1° *Vidimus* dressé par l'officialité d'Aix, le 12 février 1273, de la donation par Ildefonse de Provence à *Roustan, évêque d'Avignon,* de 4000 sous à prendre sur l'Albergue de Noves. Avignon, 14 février 1185 (2).

2° Confirmation par Brocard de la vente de la Condamine de Fontaines, faite à Otgier, grand prieur de Saint-Gilles, et à Pierre Raymond, précepteur des hospitaliers d'Avignon, au prix de 100 marcs d'argent, par *Roustan.* Avignon, mars 1189 (3).

---

1. Nouguier, p. 5o et suiv., donne tous les actes relatifs à la construction de ce pont ainsi que la légende sur S. Benezet en langue vulgaire de l'époque.
2. BLANCARD, *Iconographie des Bulles et sceaux des archives départementales des Bouches-du-Rhône,* p. 144.
3. BLANCARD, p. 147.

7   ROSTAING IV. — D'accord avec les consuls, il affranchit les habitants d'Avignon de toutes sortes d'impôts, tant pour leurs personnes que pour leurs biens ou marchandises montant ou descendant le Rhône (1).

Il est mort en 1209 et a été inhumé sous les murs de Notre-Dame des Doms, à la place occupée aujourd'hui par la chapelle de la Vierge. Son tombeau fut découvert lorsqu'on construisit cette chapelle en 1678. Ses restes furent alors transférés dans le tombeau qui fait face à celui de l'évêque Libelli (2).

C'est vers cette époque, à peu près, que les familles nobles commencèrent à ajouter à leur nom celui de leur fief. C'est aussi celle à laquelle on fait remonter les premiers blasons. Néanmoins l'usage des armoiries ne se généralisa que peu à peu pendant la première moitié du treizième siècle, ce qui rend leur recherche excessivement difficile. Un obstacle non moins grand, sinon une impossibilité dans l'objet plus spécial qui m'occupe, provient de l'absence dans tous les documents que j'ai eus à ma disposition, des noms patronymiques de nos évêques. Presque tous n'y sont désignés, jusqu'à la fin du siècle, que par des prénoms qui ne permettent pas de remonter à leur origine. En présence de ces difficultés et en attendant que de nouvelles recherches ou un heureux hasard m'ait procuré des documents plus complets, je me bornerai à mentionner, comme je l'ai fait précédemment, les faits à ma connaissance relatifs à chaque prélat dont je n'ai pu me procurer les blasons.

9   GUILLAUME DE MONTELIER (3). — Appartenait à une famille noble du Dauphiné, dont le fief faisait partie du diocèse de

---

1. Pour le texte de cet acte voir Nouguier, p. 64.
2. L'on découvrit en même temps le tombeau de son prédécesseur *Rostaing de Marguerite*. Ces deux tombes se trouvaient dans l'épaisseur du mur qui sépare aujourd'hui la chapelle de la Vierge de celle du Saint-Esprit. (Communication de M. l'abbé Correnson.)
3. C'est à tort que certains auteurs lui donnent le nom de Monteil. J'ai soigneusement parcouru les diverses généalogies des Adhémar dont les Monteil étaient un rameau, sans y trouver trace d'un Guillaume, évêque d'Avignon.
Je le trouve, par contre, indiqué dans celle des Montelier donnée par Guy Allard.

Valence. Notre évêque était fils de Lantelme, co-seigneur de Montelier.

Cette famille s'est éteinte en la personne de Guillaume de Montelier, qui vivait en 1444 et n'avait qu'une sœur qui épousa Claude Arbalestrier.

Guillaume de Montelier avait été prévôt du chapitre de Notre-Dame des Doms; il assista en cette qualité et comme substitut de Rostaing, son prédécesseur, à la signature de l'acte par lequel les comtes de Forcalquier cédaient tous leurs droits et prétentions sur la ville et son territoire à l'évêque et aux consuls d'Avignon.

On croit qu'il succéda à Rostaing en 1208 ou 1209. C'est en cette dernière année qu'on le voit figurer, en qualité d'évêque, au concile national tenu à Avignon, auquel assistèrent les archevêques et évêques des provincee de Vienne, Arles, Aix et Embrun.

Il fut chargé peu après par le pape Innocent III d'obliger par censures ecclésiastiques Pierre II d'Aragon à reprendre sa femme qu'il avait répudiée.

Enfin, il fut nommé médiateur entre les nobles et les bourgeois de la ville au sujet des querelles relatives à certains péages, et rendit, le 27 février 1215, une décision remarquable de sagesse et de modération qui mit fin au conflit.

Il mourut en 1225.

1226   PIERRE III. — Religieux de Cluny, nommé par les uns *de Corbario* ou *de Corbière*(1), par les autres *de Corbeia* ou *de Corbie* (2), fut nommé évêque d'Avignon par Romain cardinal de Saint-Ange, légat du pape, qui accompagna Louis VIII lorsqu'il s'empara d'Avignon en 1226.

Il mourut en 1227 (3).

---

1. *Gallia christiana.* — A. Canron. — Nouguier.
2. *Précis de l'histoire d'Avignon.*
3. Il a existé deux familles *de Corbière* et une famille *de Corbie*, dont j'ai compulsé les généalogies, sans trouver dans aucune d'elles trace de notre évêque, ce qui me porte à croire qu'aucun de ces noms ne lui appartient, et que le nom qu'on lui attribue lui vient tout simplement de l'abbaye de *Corbie* près Amiens, à laquelle il appartenait.

NICOLAS. — Religieux de Cluny, comme son prédécesseur, et désigné comme lui par quelques auteurs sous le nom de Corbie (1); est mentionné comme ayant assisté en 1230 à la consécration de l'église de Saint-Pierre de l'abbaye de Rueil, près La Ferté.

Nous le voyons aussi figurer dans un acte faisant partie des archives départementales des Bouches-du-Rhône, lequel porte promesse de Raymond Béranger, comte de Provence, de terminer par l'arbitrage de *Nicolas,* évêque d'Avignon, ses démêlés avec la commune de Tarascon, cet acte daté de Beaucaire le 23 septembre 1229 (2).

Il siégea pendent cinq ans.

La première année de son épiscopat, les Dominicains s'établissent à Avignon et y construisent la magnifique église qui, à l'époque de la révolution française, fut transformée en fonderie et fut ensuite démolie vers 1835, pour céder la place à la rue Saint-Dominique actuelle.

BERMOND. — Son nom figure dans un acte de transaction entre la ville et lui au sujet des moulins construits sur la Sorgue, et dont la propriété donnait lieu depuis longtemps à des contestations entre la municipalité et les évêques. Dans cet acte, il est nommément désigné comme successeur de *Nicolas*.

BERTRAND Ier. — Il est nommé dans un acte par lequel Fr. *Rossolin de Fos*, maître du Temple, autorise ses religieux à traiter avec lui au sujet de leur église. Cet acte est de 1233.

BERNARD Ier. — A figuré, en sa qualité de seigneur de Barbentane, avec ses autres co-seigneurs et Henri d'Espingot, podestat d'Avignon, et les consuls de cette ville, dans un acte par lequel tous ces intéressés nomment des arbitres pour juger et faire

---

1. Cette dénomination corrobore pour moi l'opinion émise dans la note précédente pour *Pierre*, qui s'applique aussi à *Nicolas*.
2. BLANCARD, *Iconographie,* p. 147.

opérer la délimitation des terres d'Avignon de celles de Barbentane (1).

Il a occupé le siége pendant quatre ans.

1238   BENOIT II. —N'occupa le siége que pendant quelques mois
et mourut la même année qu'il avait été préconisé. Il fut inhumé
dans la cathédrale de Notre-Dame des Doms, près du maître-
autel, et transféré en 1240 un peu plus loin, ainsi qu'il résulte de
l'inscription suivante en lettres gothiques, faite sous Benoît XII,
et à peine lisible du temps de Nouguier, qui nous la transmet :

*An. M. II. XL mense Martii fuit hic translatus dominus
Benedictus episcopus Avinion. Pont. Domini Benedicti P.P. XII
an.....*

1238   BERNARD II. — Il est cité dans plusieurs actes de 1238 en
sa qualité, et gouverna l'Eglise d'Avignon pendant deux ans (2).

1240   ZOEN. —On le croit Italien, parce qu'il légua tous ses biens à
un collége qu'il avait fondé à Bologne.

Il est cité au concile d'Avignon en 1250 et présida celui
d'Alby en 1254 (3).

A. Canron assigne à son avénement la date de 1251, et Nouguier
celle de 1250; mais il ressort de deux documents authentiques
faisant partie des archives départementales des Bouches-du-
Rhône que l'on doit le faire remonter à 1241, ainsi que le dit
Fornery.

Ces deux documents qui portent le sceau de Zoen sont :

1° Un *vidimus* fait à Noves le 12 des cal. d'août 1241 par
l'évêque d'Avignon, légat du pape, d'une bulle de Grégoire IX
relevant du serment de fidélité les sujets et vassaux de l'empereur Frédéric excommunié. Anagni, le 5 des cal. d'octobre,

---

1. Nouguier, p 82 et suiv., donne le texte de cet acte.
2. Nouguier. — Le *Gallia christiana* ne fait pas mention de lui. — Canron assigne
à son épiscopat la date de 1250.
3. Une note manuscrite à l'exemplaire de Nouguier de la bibliothèque de Marseille
dit qu'au concile de l'Isle, en 1251, a figuré un évêque d'Avignon du nom de *Jean*. Il
y a là une erreur évidente provenant de la presque similitude des noms.
Le *Gallia christiana* mentionne le même fait.

treizième du pontife, et d'un traité fait à Aix pour le service de l'Eglise le 4 des ides de novembre 1239 entre Raymond Béranger V et Jacques évêque de Palestrina, légat du Saint-Siége (1).

2° Une plainte adressée à Zoën, évêque d'Avignon, par Grégoire, évêque de Vaison, pour raison de dégâts commis dans le ressort de l'évêché par Barral des Baux, sénéchal du comte de Toulouse, et état de ces dommages s'élevant à 4,055 liv. raimondines. Avignon, le 3 des ides d'octobre 1242 (2). Il abdiqua en 1261, et mourut en 1263.

ETIENNE II. — Nouguier dit qu'il est nommé dans une ancienne chronique des évêques d'Avignon, autrefois aux archives du Palais apostolique, aujourd'hui dans la bibliothèque du Vatican.

D'après le même auteur, il aurait siégé pendant trois ans (3).

BERTRAND II. — Fut transféré de l'évêché d'Avignon à celui de Valence en 1268 (4).

Il porta à trente le nombre des chanoines du chapitre de sa cathédrale, avec l'autorisation du pape Clément IV, suivant une bulle datée de la première année de son pontificat.

Il fut l'un des exécuteurs testamentaires de Béatrix, reine de Sicile et comtesse de Provence, conjointement avec l'archevêque d'Aix et trois autres évêques.

---

1. BLANCARD, *Iconographie*, p. 148. — 2. Le même, p. 181.
3. Le *Gallia christiana* ni dom Polycarpe ne le mentionnent.
4. A. Canron le dit appartenir à l'illustre maison de *Poitiers*. J'ai minutieusement compulsé plusieurs généalogies de cette famille sans y trouver la moindre trace de ce personnage.

ROBERT Iᵉʳ D'UZÈS.

1268 — 1270.

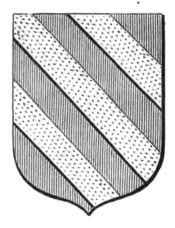

Il fut pourvu de l'évêché d'Avignon à Viterbe, le 16 des cal. d'août, par le pape Clément IV, la troisième année de son pontificat.

Les auteurs ne sont pas d'accord sur le nom vrai de cet évêque, que les uns désignent sous le nom de *Ucetia* et d'autres sous celui de *Uceria*; l'un et l'autre de ces noms appartiennent à de grandes maisons, la dernière est celle des vicomtes de l'Osière, et l'autre celle des ducs d'Uzès.

Nouguier penche pour la maison de l'Osière, par la raison que, bien qu'il soit nommé de *Ucetia* dans les chartes les plus anciennes, il y est cependant assez souvent qualifié de *vicomte*, ce qui, d'après lui, ferait supposer une erreur de plume dans le nom; mais il y a là de la part de cet auteur une interprétation évidemment erronée, par la raison que *Uzès* a été simple vicomté jusqu'en 1565 et que ce ne fut que cette année-là qu'il fut érigé en duché (1). On doit,

---

1. Charles IX érigea le vicomté d'Uzès en duché au mois de mai 1565 en faveur d'An oine, comte de Crussol et de Tonnerre, et vicomte d'Uzès. Il fut érigé en duché-

à mon avis, et jusqu'à preuve contraire, s'en tenir à la lettre des anciens textes et admettre que Robert appartenait à la famille d'Uzès; c'est également l'opinion de D. Polycarpe de la Rivière.

PORTE : *De gueules à trois bandes d'or.*

JEAN V. — Assista au concile tenu à Arles le 15 juillet 1270, avec les évêques de Carpentras et de Cavaillon, sous la présidence de Bertrand Malferrat, archevêque d'Arles. Il en signa les décrets en sa qualité d'évêque d'Avignon (1).

RAYMOND II. — La seule mention que l'on trouve de lui est dans une charte par laquelle il confirme, conjointement avec l'archevêque d'Arles, l'élection de Montosier à l'abbaye de Saint-André. Il administra le diocèse pendant un an environ (2).

ROBERT II. — Est connu par la réunion qu'il opéra, à la demande de Pierre de Montosier, de l'église de Saint-Veredeme à la mense monacale du monastère de Saint-André, et de celle des Angles sous le vocable de Sainte-Marie à la mense abbatiale du même monastère. Cet acte existait au trésor de l'abbaye de Saint-André.

Il est mort en 1287 (3).

Les archives départementales des Bouches-du-Rhône nous fournissent encore deux documents qui permettent de fixer l'époque de l'épiscopat de Robert, contrairement à l'opinion de Nouguier, qui le fait commencer en 1282 ; ce sont :

1° Une sentence arbitrale des cardinaux *Vice-Dominus,* évêque de Palestrina, et *Bertrand,* évêque de Sabine, attribuant à

---

pairie par le même prince, en février 1572, en faveur de Jacques de Crussol, duc d'Uzès, frère d'Antoine. (V. LACHESNAYE-DESBOIS, aux mots *Crussol* et *Uzès.*)

1. Il ne figure pas dans la chronologie du *Gallia christiana.*

2. Nouguier lui donne onze ans d'épiscopat, ce qui est une erreur certaine.

3. Les auteurs du *Gallia christiana* prétendent que, d'après un ancien nécrologe de l'abbaye de Saint-André, il serait mort le 17 juin 1279.

Charles Ier la suzeraineté de Noves, Barbentane, Verquières et une partie d'Eyragues avec quelques droits d'Albergue et de Cavalcade, et à l'évêque d'Avignon *Robert* tous les anciens droits de l'Eglise d'Avignon sur ces villes. Cette pièce est datée de Lyon 25 avril 1274 (1).

2° Règlement fait par les mêmes cardinaux de la forme d'hommage dû au comte de Provence par l'évêque d'Avignon pour les terres de Noves, Barbentane, Eyragues et Verquières, daté de Lyon le 29 avril 1274 (2).

Ces deux pièces portent le sceau de Robert.

1287 BENOIT III. — Mentionné dans un acte du 31 mai 1288, où il est nommément désigné comme évêque d'Avignon. Nouguier, qui mentionne cet acte sans en indiquer la nature, dit qu'il l'a vu dans les archives de l'abbaye de Saint-André.

---

1. BLANCARD, *Iconographie*, p. 126. — 2. *Ibid.*, p. 285.

ANDRÉ DE LANGUISEL.

1291 — ....

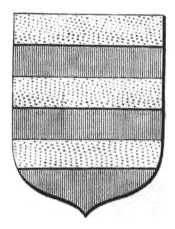

Appartenait à une ancienne famille originaire de Nîmes, qui possédait la seigneurie d'*Aubaïs* (1).

De cette maison sortirent cinq frères :

. André, notre évêque, en 1291 ;

Bernard, archevêque d'Arles, en 1274, créé cardinal en 1281, légat en Lombardie et évêque de Porto, qui mourut à Civita-Vecchia en 1290;

Bertrand, évêque de Nîmes, en 1272 ;

Gérard, évêque d'Uzès, et enfin Guillaume, sénéchal du comtat Venaissin, en 1288.

Elle s'éteignit en la personne de Marie de Languisel, fille unique et héritière de Bernard, seigneur d'Aubaïs, Nages et Salorgues, qui fut mariée en 1359 avec Raymond Pelet, seigneur de La Verune (2).

---

1. La seigneurie d'Aubaïs, avec les terres de Nages et Salorgues, n'était dans cette maison que depuis peu de temps (1285).
2. Lachesnaye-Desbois. — Nouguier.

Ce fut sous l'épiscopat d'André que fut organisée l'université d'Avignon par le pape Boniface VIII.

PORTE : *Fascé d'or et de gueules de six pièces* (1).
Alias : *D'argent et trois fasces de gueules* (2).

BERTRAND III AYMINI.

1300 — 1310

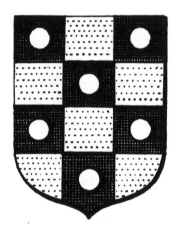

On croit qu'il est né à Tarascon.

Il était fils de Pierre Aymini, chevalier et citoyen d'Avignon, qui vers 1269 épousa Raymondette Bérenger, de Tarascon. De cette union naquirent deux fils, dont l'un fut Bertrand (3).

Il avait été prévôt de Notre-Dame des Doms en 1295, avant d'être promu à l'évêché d'Avignon en 1300 (4).

C'est sous son administration que Bertrand de Got, archevêque de Bordeaux, élu souverain pontife sous le nom de Clément V le 5 janvier 1305 au conclave tenu à Pérouse, vint à Avignon établir le siége pontifical, après s'être fait couronner à Lyon.

---

1. Pithon-Curt.
2. Fisquet (*Archid. d'Arles*) les indique ainsi pour Bernard, frère de notre évêque.
3. MISTARLET, *Essais généal.*, p. 20 et 21.
4. D'après Nouguier et quelques autres auteurs. Barjavel, d'après Fornery et le *Gallia christiana*, donne la date de 1300 comme celle de son épiscopat.

Les auteurs du *Gallia christiana* disent qu'il existe un acte du 3 décembre 1309 par lequel cet évêque reconnaît tenir des rois Robert et Charles, son fils, la propriété de la seigneurie de Noves.

PORTE : *Échiqueté de sable et d'or de douze pièces, les carreaux de sable chargés chacun d'un besant d'argent* (1).

GUILLAUME DE MANDAGOT.

.... — 1310

Né à Montpeyroux, diocèse de Lodève, d'une noble et ancienne famille.

Bien que l'épiscopat de ce prélat soit contesté, non sans raison, par bon nombre d'auteurs respectables, il est cependant avéré, ainsi que cela résulte de documents qui ont aussi leur valeur, qu'il ne nous est pas absolument étranger, et que, s'il n'a pas eu le titre d'évêque d'Avignon, il n'en a pas moins exercé les fonctions, soit à titre de vicaire, soit à celui d'administrateur, ainsi que

---

1. Robert de Briançon. — Migne (*Dict. hérald*). — Artefeuil. — Pithon-Curt. — De Montgrand. — Lachesnaye-Desbois donne les *besans d'or*.

le cas s'est souvent présenté pendant le séjour des papes à Avignon.

Pithon-Curt dit qu'il avait été chanoine de Nîmes, archevêque d'Embrun (1295), archevêque d'Aix (1311), cardinal le 23 décembre 1312, recteur du comtat Venaissin pour l'Église romaine depuis 1304 jusqu'en 1310.

Ciacconius dit formellement qu'il fut promu à l'évêché d'Avignon en 1305, par le pape Clément V, après avoir été prévôt de l'Église de Toulouse et archidiacre de celle de Nîmes. Créé cardinal en 1312, puis promu à l'archevêché d'Embrun en 1316, et enfin à celui d'Aix.

Fornery prétend qu'il a occupé le siége à Embrun de 1295 à 1311, qu'il fut cette année-là transféré à Aix, puis promu au cardinalat l'année suivante.

Ce qu'il y a de certain, c'est qu'il est mort à Avignon en 1321 d'après les uns, en 1324 suivant d'autres, et qu'il a été inhumé dans l'église de Sainte-Catherine, dont on croit qu'il était le fondateur(1).

La même famille a fourni encore à l'épiscopat français un autre *Guillaume*, évêque d'Uzès, puis de Lodève, et Robert, prévôt d'Uzès, puis évêque de Marseille en 1346.

PORTE : *D'azur au lion d'or; parti de gueules à trois pals d'hermine, et une cotice de sinople brochant sur le tout* (2).

___

1. Ciacconius. — Fisquet (*Archidioc. d'Aix*).
2. Pithon-Curt. — Ciacconius donne ses armes : *De gueules à trois lions d'argent posés 2 et 1.*

JACQUES Ier D'EUZE

1310 - 1316

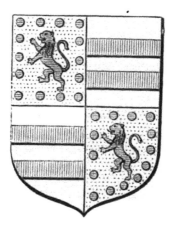

Né à Cahors en 1244, fils de Armand Dueze, d'Euze ou de Veze, seigneur de Saint-Félix, et frère de Pierre, seigneur de Saint-Félix et de Carmain[1].

Il fut élevé par Pierre Ferrier, archevêque d'Arles et chancelier de Charles II roi de Sicile et comte de Provence, qui devint plus tard cardinal de Montfavet.

A la mort de ce prélat, il lui succéda dans sa charge et devint en même temps précepteur des enfants du comte de Provence[2].

Nommé en 1300 évêque de Fréjus, il fut transféré en 1310 à l'évêché d'Avignon, et enfin créé cardinal, évêque de Porto et de Sainte-Ruffine en 1312.

Il assista en 1311 au concile de Vienne, dans lequel le pape Clément V prononça l'abolition de l'ordre des Templiers.

Élevé au souverain pontificat, le 7 août 1316, dans le conclave

---

1. Pierre avait acheté le vicomté de Carmain, dans le Languedoc, de Bertrand de Lautrec. Cette vente fut confirmée pour lui et pour Arnaud son fils par le roi en 1322. Arnaud épousa Rosine d'Albret.
2. D'après Barjavel, c'est du roi Robert dont il avait été chancelier.

de Lyon, sous le nom de Jean XXII, il fut couronné dans l'église de Saint-Jean de cette ville le 8 septembre suivant et fit son entrée solennelle à Avignon le 2 octobre.

Dès son élévation à la papauté, il se démit de l'administration du diocèse, pour la reprendre en 1318, ainsi que nous le verrons plus tard

PORTE : *Écartelé aux 1ᵉʳ et au 4ᵐᵉ, d'or au lion d'azur à la bordure de tourteaux du même; aux 2ᵐᵉ et au 3ᵐᵉ, d'argent à deux fasces de gueules* [1].

---

1. Le manuscrit Massilian (Bibliothèque d'Avignon) blasonne ses armes : *Écartelé aux 1 et 4 d'argent au lion d'azur, accompagné de huit tourteaux de gueules mis en orle, aux 2 et 3 fascé d'argent et de gueules de six pièces.*

Quelques auteurs prétendent que Jacques d'Euze était fils d'un savetier; cette origine infime me paraît tout à fait fantaisiste; il n'y a pour s'en convaincre qu'à voir ses attenances et les fonctions qu'il a exercées dès son début dans la carrière (voir Lachenaye-Desbois au mot *Carmain*).

JACQUES DE VIA.

1316-1317

Fils d'une sœur du pape Jean XXII, mariée avec noble seigneur D. P. de Via ou de Lavie, vicomte de Calvignac et seigneur de Villemur, originaire de Cahors [1].

Il fut élevé à l'épiscopat par son oncle, qui le nomma aussi cardinal du titre de Saint-Jean et de Saint-Paul peu après (18 .décembre 1316); mais il ne fut point sacré évêque, la mort le frappa subitement peu de temps après, le 24 juin 1317.

Il fut inhumé dans sa cathédrale de Notre-Dame-des-Doms.

PORTE : *Parti, au premier, coupé en chef d'or au lion d'azur, et une bordure de tourteaux du même; en pointe d'argent à deux fasces*

---

1. Voici ce qu'en dit Fois-Duchesne (*Vie des Card. français*) :

« Ils (Jacques et Arnaud de Lavie) étaient fils d'une sœur de Jean XXII, mariée avec un seigneur de la maison de Lavie, originaire de Cahors. Nous savons par la généalogie de Cardaillac que Hugues de Cardaillac, quatrième du nom, seigneur de Bieule, de Saint-Cirq et Combaron, tué au siége de Saint-Antonin en 1319, avait été accordé avec Isabelle de Lavie, fille de Pierre de Lavie, chevalier, vicomte de Calvignac, seigneur de Villemur, et sœur de Marie de Lavie, dite de Villemur, femme de Beraud premier du nom, comte de Clermont et dauphin d'Auvergne.

de gueules; au deuxième d'azur à la croix d'argent, accompagnée de deux étoiles à huit rais du même placées en barre; à la bande de gueules chargée de trois coquilles d'or brochant sur le tout [1].

ARNAUD DE VIA

1317-1318

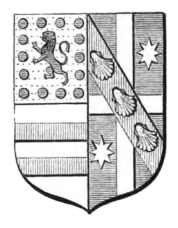

Frère du précédent et prévôt de Barjols, fut nommé évêque d'Avignon et créé cardinal du titre de Saint-Eustache par son oncle le 20 juillet 1317.

Il administra le diocèse pendant un an environ et fut emporté, comme son frère, d'après Nouguier, par une mort subite; mais il est probable qu'il abdiqua volontairement les fonctions épiscopales, et certain dans tous les cas qu'il ne mourut que beaucoup plus tard; ainsi que le prouve l'inscription suivante qui se lisait dans la sacristie de l'église collégiale de Notre-Dame de Villeneuve près Avignon, bâtie et dotée par ce cardinal :

---

1. Ainsi sculptées sur le mur extérieur ouest de Notre-Dame-des-Doms. — Manuscrit Massilian, Ciaconius. Le blason donné par Duchesne est erroné.

« Arnaldus de Via, legum doctor, tituli Sancti Eustachii cardinalis diaconus, nepos papæ Johannis XXII et fundator hujus
ecclesiæ beatæ Mariæ de Villanova, subtus Avenionem et deca-
natus, qui obiit anno 1336 [1]. »

C'est à ce cardinal que l'on doit le commencement des
constructions de l'ancien palais épiscopal, aujourd'hui petit
séminaire.

PORTE : *Parti ; au premier, coupé en chef d'or au lion d'azur, et une
bordure de tourteaux du même ; en pointe d'argent à deux
fasces de gueules ; au deuxième, d'azur à la croix d'argent
accompagné de deux étoiles à huit rais du même placées en
barre ; à la bande de gueules chargée de trois coquilles d'or
brochant sur le tout [2].*

LE PAPE JEAN XXII

(JACQUES D'EUZE) 1318-1334

Après la mort ou la retraite de ses deux neveux, Jean XXII se
réserva l'administration du diocèse et le fit régir jusqu'à sa mort
par des vicaires généraux.

Ce pape, le plus insigne bienfaiteur de son église à laquelle il
laissa un immense trésor, mourut le 4 décembre 1334, à l'âge de
quatre-vingt-dix ans. Son corps fut déposé dans le magnifique
mausolée qui existe encore, et qui, originairement placé dans la
chapelle de Saint-Joseph, fut transféré le 9 mars 1759 dans la

---

1. DUCHESNE. *Vie des Card. français*, t. II, p. 298.
2. Comme au précédent.

chapelle servant aujourd'hui à la sépulture des archevêques, puis plus tard replacé dans son local primitif, qui sert actuellement d avant-sacristie où on le voit encore.

GUASBERT DUVAL

1322 — 1322

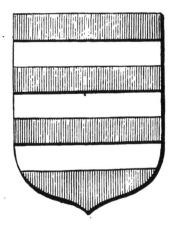

Originaire de Donzac, arrondissement de Moissac (Tarn-et-Garonne).

Vicaire général, avec autorité spirituelle et temporelle sur le diocèse d'Avignon pour le pape Jean XXII, qui s'en était réservé l'administration (18 juin 1322).

Il était alors évêque de Marseille et camérier du pape.

Il quitta l'administration du diocèse en septembre 1323, pour monter sur le siége archiépiscopal d'Arles, d'où il passa à celui de Narbonne le 1ᵉʳ octobre 1341.

Mourut en décembre 1346.

PORTE : *De gueules à trois fasces d'argent.*

Dom Denis de Sainte-Marthe signale comme vicaire général

après Guasbert Duval et avec les mêmes titres et prérogatives, *Gérard de Campinulo,* sur lequel je n'ai pu me procurer aucun renseignement.

Sous l'administration de ce personnage en 1323, Hélion de Villeneuve, grand-maître de l'ordre de Saint-Jean de Jérusalem, tint à Avignon un chapitre général de son ordre.

Le 18 juin 1326 eut aussi lieu au monastère de Saint-Ruf un grand concile dans lequel siégèrent trois archevêques et onze évêques sous la présidence de Guasbert Duval, alors archevêque d'Arles.

JEAN DE COJORDAN

1335 — 1349

Né à Belpech, au diocèse de Mirepoix, il fut pourvu de l'évêché d'Avignon en 1335.

Le 25 avril 1337 eut lieu au monastère de Saint-Ruf un nouveau concile, encore sous la présidence de Guasbert Duval, archevêque d'Arles, auquel assistèrent dix-sept prélats. Jean de Cojordan en faisait partie[1].

---

1. Nouguier. p. 108 et suiv., donne le texte des statuts édités par ce concile.

C'est sous son épiscopat, en 1348, que le pape Clément VI acheta de Jeanne, comtesse de Provence, la ville d'Avignon et son territoire pour quatre-vingt mille florins d'or[1].

Ce prélat fut transféré en 1349 à l'évêché de Mirepoix[2], après avoir administré celui d'Avignon pendant quatorze ans.

Sous son administration les armes d'Avignon qui portaient une tour, furent changées ; le pape Clément VI les remplaça par le [blason que la ville a conservé depuis : *de gueules à trois clefs d'or*.

Mort à Mirepoix le 9 octobre 1361, après avoir fait son testament en faveur des pauvres de Belpech, sa patrie, où il fut inhumé dans la chapelle de Sainte-Madeleine dans l'église de Saint-Saturnin[3].

PORTE : *De..... à un aigle au vol abaissé de..... à la bande de..... brochant sur le tout.*

---

1. Voir le même auteur pour le texte de cet acte de vente.

2. Migne (*Dict. de Statis.*) l'indique comme évêque de Mirepoix de 1348 à 1361.

3. Il existe dans l'église paroissiale de Belpech un cénotaphe très-remarquable que la tradition populaire dit être la sépulture de Guillaume de Curti, cardinal, neveu du pape Benoît XII, mort de la peste à Avignon, le 12 juin 1361, au monastère de Saint-Jean de Jérusalem, après avoir fait un testament qui existe encore et par lequel il exprime la volonté d'être inhumé dans l'abbaye de Boulbonne dont il avait été abbé. Les Tables de Boulbonne constatent qu'en effet, en octobre 1364, Guillaume de Curti a été inhumé à Boulbonne à côté de son oncle Benoît XII sous l'administration de Raymond, abbé de ce monastère, son exécuteur testamentaire, pour le legs par lui fait à Belpech sa patrie, et qui consistait en la fondation d'un hospice dans sa maison paternelle et un obit; ce tombeau ne saurait donc être celui de Mgr de Curti.

D'un autre côté Jehan de Cojordan, mort la même année 1361, fit un testament en faveur des pauvres de Belpech, et les Tables de Boulbonne constatent qu'il a été inhumé dans la chapelle de Sainte-Madeleine dans l'église paroissiale de Saint-Saturnin. De plus l'on voyait, il y a peu d'années encore, dans cette même chapelle, au-dessus de l'arcature, une fresque représentant un évêque aux pieds duquel était un écu de forme française portant un aigle d'or sur un champ que l'on ne pouvait distinguer, et sur le tout une bande d'argent. Enfin il existait aussi dans la même chapelle une vieille armoire en chêne sculpté, aujourd'hui changée de place et sur laquelle on voit sur le battant de gauche un pape et un évêque au-dessous ; sur le battant de droite un abbé mîtré et au-dessus un cardinal; or l'évêque qui tient à la main une banderole sur laquelle on lit facilement :

Coirda + e + A + M

Cojordanus + episc. + Aven. + Mirapis, présente une ressemblance frappante avec celle de l'évêque couché sur le cénotaphe. Ces circonstances réunies ne laissent pas le moindre doute que le cénotaphe soit celui de Jean de Cojordan.

Mais il y a mieux que cela : il existe dans la chapelle de l'hospice dont Mgr de Curti a été le fondateur et dont Jean de Cojordan a été le bienfaiteur, les blasons de l'un et

LE PAPE CLÉMENT VI

(Pierre Roger de Beaufort) 1349 — 1352

Né au château de Maumont, au diocèse de Limoges, il était fils de Guillaume Ier Roger de Beaufort et de Guillemette de la Monstre [1].

Pierre, élevé à l'abbaye de la Chaise-Dieu en Auvergne, embrassa la vie monastique chez les PP. Bénédictins et alla à Paris, où il prit le grade de docteur en théologie.

---

de l'autre : celui de Curti, de *gueules plein à un écu d'argent en abyme,* tel que le donne Ciaconius, et celui de Cojordan, tel qu'il se trouvait autrefois dans la chapelle de la Madeleine, et au-dessous duquel on lit l'inscription suivante :

AB AÑO Dⁱ MCCCLXI IN DŌ QVIES TI D. COIORDA
EPISC. AVEN ET MIRAPISC PAVPERVM BENEF
SVA HÆC ARMA &· GRATA POSVIT CIVITAS BELLOPOD.

Je me fais un devoir de déclarer que je dois ces renseignements à M. l'abbé Francès, curé-doyen de Belpech, dont les patientes investigations et les savantes recherches ont eu un résultat plus complet que je n'osais espérer ; je l'avais prié de me découvrir un blason sur lequel je ne comptais plus ; non-seulement il l'a trouvé, mais encore il me met à même de justifier jusqu'à l'évidence de la sépulture de Jean de Cojordan et de redresser une erreur d'attribution qui ne reposait que sur une fausse tradition.

1. Le vrai nom de cette famille était *Roger,* et sa seigneurie la terre des *Rosiers,*dans le Bas-Limousin, puis celle de Beaufort en *Anjou,*

Le premier connu de cette maison est *Pierre Roger,* seigneur des *Rosiers,* qui vivait en 1300 et était père de Guillaume Ier et grand-père du pape Clément VI.

Le cardinal de Mortemart se l'attacha et le conduisit à la cour de Jean XXII à Avignon. Il a été successivement garde des sceaux du roi Philippe de Valois, puis évêque d'Arras, archevêque de Sens, ensuite de Rouen, et enfin créé cardinal du titre de Saint-Nérée par Benoît XII.

Élu pape le 9 mai 1342 dans le deuxième conclave d'Avignon, son couronnement eut lieu le 19 du même mois dans l'église des FF. Prêcheurs.

Ce fut lui qui réduisit le jubilé séculaire à cinquante ans et qui acheta la ville d'Avignon de la reine Jeanne.

On lui doit l'achèvement du palais pontifical, dont Benoît XII, son prédécesseur, avait jeté les premiers fondements.

Il mourut à Avignon, le 6 décembre 1352, et fut inhumé dans l'église de la Chaise-Dieu (Auvergne), où sa sépulture a été violée et détruite par les huguenots en 1362.

PORTE : *D'argent à la bande d'azur accompagnée de six roses de gueules* [1].

---

1. Ciacconius, t. II, p. 474. — Barjavel, t. I, p. 380. — Lachesnaie-Desbois et le manuscrit Massilian donnent les *six roses* placées en orle.

Le pape Clément VI est le premier souverain pontife qui ait fait apposer sur ses bulles le sceau des armes de sa famille *contra morem antecessorum*, dit Albert de Strasbourg.

A. Canron, dans son *Histoire chronologique des évêques et archevêques d'Avignon*, dit que de 1349 à 1352 le pape Clément VI confia l'administration du diocèse au cardinal *Pierre Roger de Beaufort*, son neveu, devenu plus tard pape lui-même sous le nom de Grégoire XI.

La confiance que m'inspire l'auteur me fait un devoir de constater ce fait que je n'ai pas les moyens de vérifier moi-même.

LE PAPE INNOCENT VI

(Etienne Aubert ou d'Albert) 1352 — 1362

Né en la paroisse de Beissac, près Pompadour, au diocèse de Limoges.

Docteur et professeur en droit civil, il a été successivement juge à la sénéchaussée de cette ville, évêque de Noyon, puis de Cambrai, et enfin de Clermont; il fut créé cardinal-prêtre par son prédécesseur en 1343, et promu à la dignité de grand pénitencier et pourvu des évêchés d'Ostie et de Velletri.

Élu pape au troisième conclave d'Avignon, le 18 décembre 1352, il fut couronné le 23 du même mois.

Comme ses prédécesseurs Jean XXII et Clément V, il se réserva l'administration du diocèse qu'il fit régir par des vicaires généraux [1].

Mort à Avignon le 12 septembre 1362, après un pontificat de neuf ans et neuf mois, il fut inhumé dans la chartreuse de Villeneuve, qu'il avait fondée, et son corps fut placé dans un

---

1. D'après Canron ces vicaires généraux auraient été *Etienne Aldobrandini*, évêque de Toulouse, et après lui, *Renault*, évêque de Palencia en Espagne.

tombeau gothique d'un style élégant, qui a été transféré il y a une trentaine d'années dans la chapelle de l'hôpital de cette ville, où on le voit encore.

C'est à ce pape que l'on doit les remparts d'Avignon, dont il confia les travaux à Arnould de Perusse, seigneur d'Escars et de Saint-Bonnet et grand maréchal de l'église [1].

PORTE : *De gueules au lion d'or ; à la bande d'azur brochant sur le tout ; au chef d'argent chargé de trois coquilles de gueules* [2].

ANGLIC GRIMOARD

1362 — 1366

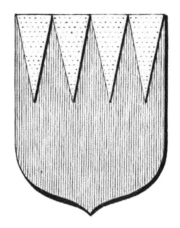

Né au château de Grisac en Gévaudan, fils de Guillaume Grimoard, seigneur de Grisac et d'Amphélise de Montferrand, frère du pape Urbain V, et allié à la famille de Sabran.

Chanoine régulier de Saint-Ruf, prieur de Die, il fut promu à l'évêché d'Avignon en 1362 et créé cardinal du titre de Saint-Pierre-ès-liens le 18 septembre 1366.

---

1. Lachesnaie Desbois.
2. Le manuscrit Massilian indique *le chef d'argent à trois coquilles*, sans autre désignation. — Ciacconius, t. II, p. 495. — Barjavel, t. II, p. 84.

Il fut envoyé par son frère en Espagne, avec le titre de légat. Plus tard, lors du retour de Rome à Avignon du pape Urbain V, en 1367, il fut transféré à l'évêché d'Albano avec le titre de vicaire général de Sa Sainteté pour le gouvernement de l'État de l'Église en Italie.

Ce fut pendant son épiscopat que son frère canonisa, durant le séjour de trois ans qu'il fit à Rome, *saint Elzéar de Sabran*, dont il était le filleul, le 16 avril 1369. La bulle en a été publiée à Avignon, le 5 janvier 1371, dans l'église de Saint-Didier.

L'empereur Charles IV, qui professait pour ce prélat la plus haute estime, lui octroya, par une charte de 1365, une foule de priviléges reversibles sur ses successeurs, et entre autres celui de battre à Noves et à Barbentane des monnaies d'or, d'argent et de bronze [1]. Il est probable que ce droit n'a jamais été exercé, aucune monnaie de cet évêque pas plus que de ses successeurs n'ayant encore été trouvée. Par cette même charte l'empereur l'investit de plusieurs fiefs impériaux et lui accorda le titre de *prince de l'Empire*.

Il mourut en 1388. Son testament est daté du 11 avril de cette même année [2].

PORTE : *De gueules, au chef d'or emmanché de quatre pointes.*

---

1. Cette charte que l'on trouve tout au long dans Nouguier, p. 148 et suiv., est d'un grand intérêt historique. Elle est mentionnée par tous les auteurs qui ont traité de la numismatique avignonnaise, et entre autres par Duby et Poey d'Avant. M. Barjavel en parle également dans sa *Bio-bibl. vauclusienne*. Bien qu'elle soit très-connue je ne puis résister au désir d'en extraire les paragraphes relatifs au droit de monnayage :

« Insuper gracias, articulos atque puncta super quibus nostræ majestatis litteras cum additione certæ pœnæ nuper eidem nostro principi suis successoribus et Ecclesiæ Avenionensi dedisse meminimus, videlicet, ut ipse et iidem sui successores in castris Novarum et Barbentanæ et aliis locis ad dictam Ecclesiam Avenion. spectantibus in et sub imperio situatis, quotiescumque et quando ipsis placuerit monetam auri, argenti et ex ære, in contaminatam debitam et legalem, dativam et legitimam juxta cursum patriæ, sub figuris et caracteribus debitis, quæ legitimo pondere non fraudentur, cudendi, effigiendi et faciendi plenam potestatem habeant, et liberam facultatem, magistros, custodes, monetarios et operarios, ad opus ipsius monetæ rite creandi, deputandi et omnia et singula faciendi, et quomodo libet exercendi, quæ ad eamdem monetam pro utilitate reipublicæ necessaria fuerint, seu etiam opportuna, decernentes authoritate cæsarea omnes et singulos ad receptionem et usum dictæ monetæ teneri monetarios, etiam magistros, custodes et operarios per episcopatum pro tempore debite faciendos aliorum monetariorum nostrorum sub imperio consistentium, ministris et consortio aggregantes, juribusque et libertatibus perfrui et gaudere volentes. »

2. DUCHESNE. *Vie des card. franç.*, t. II, p. 412. — Voir aussi pour la famille Grimoard la *Vie du B. Urbain V* par le savant abbé ALBANÈS. In-12. Paris. E. Repos. 1872

LE PAPE URBAIN V

(GUILLAUME GRIMOARD) 1366 — 1367

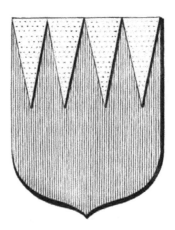

Frère d'Anglic, il est né comme lui à Grisac en 1309 ou 1310 et se réserva à l'administration du diocèse, après avoir nommé Anglic à l'évêché d'Albano.

Jeune encore, il avait embrassé la vie monastique au prieuré de Chirac, diocèse de Mende; il devint en 1352 abbé de Saint-Germain d'Auxerre et passa avec la même dignité à l'abbaye de Saint-Victor de Marseille en 1361.

Élu pape au quatrième conclave d'Avignon le 2 octobre 1362, il fut couronné le 6 novembre suivant.

Il quitta Avignon à la fin d'avril 1367, avec l'intention de ramener le Saint-Siége à Rome, arriva à Gênes le 23 mai, et fit son entrée solennelle dans sa capitale le 13 octobre suivant. Après trois ans passés en Italie, il revint à Avignon en 1370 et y mourut peu après son arrivée, le 19 décembre de la même année.

Son corps, provisoirement déposé dans la cathédrale de Notre-Dame-des-Doms, fut plus tard transporté à Marseille, ainsi qu'il en avait exprimé le désir, et fut inhumé dans l'abbaye de Saint-Victor dont il avait été une des gloires.

Le procès de sa béatification, poursuivi dès les premières années qui suivirent son décès, a enfin abouti de nos jours, grâce surtout aux persévérantes démarches de l'un de ses plus savants panégyristes, M. l'abbé Albanès, et il a été donné au glorieux Pie IX de le proclamer par son décret du 10 mars 1870 [1].

PORTE : *De gueules au chef d'or emmanché de quatre pointes.*

PHILIPPE DE CABASSOLE

(Administrateur de l'évêché pour le compte du pape Urbain V)

1367 — 1368

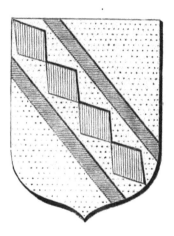

Né à Cavaillon en 1305.

Fils d'Isnard de Cabassole, personnage recommandable par ses services militaires. Cette famille tirait son nom d'un domaine qu'elle possédait dans la Crau d'Arles.

Le pape Urbain V, sur le point de partir pour l'Italie en 1367, l'institua pour son vicaire général ou administrateur de l'évêché d'Avignon, qu'il s'était réservé, avec pouvoir de conférer les

---

1. Voir les notes précédentes pour ce qui concerne la famille Grimoard.

bénéfices de son diocèse ainsi que ceux du comtat Venaissin[1].

Il fut sucessivement chanoine, prévôt et enfin évêque de Cavaillon le 3 août 1334; le roi Robert d'Anjou, comte de Provence, le nomma en 1341 chancelier de Sancie d'Aragon, son épouse, et l'associa au gouvernement de ses États pendant le minorité de Jeanne d'Anjou, héritière du royaume de Sicile et du comté de Provence, sa petite fille. Nommé ensuite patriarche de Jérusalem en 1360, recteur du comtat Venaissin le 17 novembre 1362, administrateur de l'évêché de Marseille en 1366, gouverneur ou recteur de l'état d'Avignon, et administrateur de l'évêché par bulle du 13 avril 1367, il fut élevé à la dignité de cardinal du titre de Saint-Marcel et de Saint-Pierre le 22 septembre 1368, et enfin promu à l'évêché de Sabine le 31 mai 1370.

Peu après l'avénement à la papauté de Grégoire XI, il fut nommé légat en Italie et administrateur de toutes les possessions de l'Église dans ce pays.

Il mourut à Pérouse le 27 août 1372. Ses restes mortels, transportés en France, furent d'abord inhumés dans l'église des Chartreux de Bonpas près Avignon, où un riche mausolée en marbre blanc, détruit à l'époque de la révolution, lui fut érigé[2].

Le 26 août 1833, sa dépouille fut transférée dans l'église paroissiale de Caumont.

Porte : *D'or à quatre losanges de gueules appointés et posés en bande ; accompagnés de deux cottices d'azur*[3].

---

1. Le manuscrit Fornery (bibliothèque de Carpentras) dit qu'avant Philippe de Cabassole le pape Urbain V avait confié pendant quelques années l'administration du diocèse à *Arnaud Alberti*, évêque d'Osimo, son camérier, dont il reste encore quelques constitutions synodales.

A. Canron le mentionne de même. Je n'ai pu me procurer d'autres renseignements sur ce personnage que ceux que donne Ughelli à l'évêché d'Osimo où je lis : « Franç. Albertus de l'ordre de Saint-Dominique, élu évêque d'Osimo en 1342, le 8 des kal. de septembre, par le pape Clément VI.

2. Voir Duchesne pour son épitaphe.

3. BARJAVEL. *Bio-bibl. vauclusienne*, t. I, p. 310. — Ciacconius. — Pithon-Curt. — Duchesne.

PIERRE V D'AIGREFEUILLE

1367 — 1370

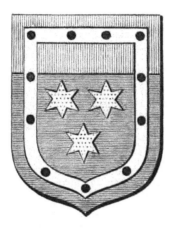

Né à Limoges, il était frère de Guillaume d'Aigrefeuille (l'ancien), évêque de Sabine et oncle paternel de Faydit, qui lui succéda sur le siége d'Avignon.

. Abbé du célèbre monastère de la Chaise-Dieu en Auvergne pendant trois ans seulement, il fut promu à l'évêché de Clermont en 1348, à celui d'Uzès en 1357, à celui de Mende en 1366. Il n'occupa ce dernier siége que pendant un peu plus d'un an et fut transféré à celui d'Avignon par le pape Urbain V.

Il mourut à Avignon le 8 juillet 1370, après avoir administré cette Église pendant près de trois ans.

Tous les auteurs modernes, se copiant mutuellement, ont fait erreur sur le nom de cet évêque, qu'un certain nombre ont confondu avec le cardinal Pierre Gerard, mort à Avignon en 1415 et inhumé dans l'église de Notre-Dame-des-Doms. Il n'entre pas dans le cadre que je me suis tracé de démontrer cette confusion certaine; elle le sera en son temps par une plume plus autorisée que la mienne (1).

---

1. Le savant abbé Albanès, que je ne saurais trop citer chaque fois qu'il s'agira de

PORTE : *D'azur ; à trois étoiles à six rais d'or au chef cousu de gueules ; et pour brisure autour de l'écu un orle d'argent chargé de onze tourteaux de sable* (1).

Entre ce prélat et son successeur le siége resta vacant pendant trois ans.

---

points obscurs dans notre histoire locale, prépare depuis longtemps une démonstration complète du fait que j'avance et sur lequel il a le premier appelé mon attention. Il est d'autant plus de mon devoir de lui en laisser la primeur, qu'elle est le fruit de ses longues et laborieuses recherches. Néanmoins je ne puis laisser mon assertion sans un commencement de preuves que je trouve dans l'*Histoire de l'Eglise d'Avignon* par dom Polycarpe de la Rivière, dont l'assertion seule est pour moi une preuve complète. Voici comment il s'exprime au tome II :

« Petrus V de Agrifolio an. 1367, Anglico Avenionensi episcopo, ut vidimus, eminentissimo cardinalitiæ dignitati titulo a fratre papa Urbano V cohonestato, antequam idem pontifex optimus maximus Avenione decederet desertam eam et orbatam digno pastore nequaquam dimittere voluit ; quare in fratris locum Petrum de Agrifolio Guilhelmi de Agrifolio, Sabinensis episcopi cardinalis senioris fratrem et junioris patruum, spectatæ quidem illum prudentiæ et eruditionis virum ex Mimatensi episcopatu quem regebat assumptum infulis donat Avenionensibus. Et expresse id notat auctor anonymus indiciis abbatum celeberrimi Casæ-Dei monasterii in finibus Arvernorum, cujupedum ille tenuit tres tantum menses, factus inde Claromontis præsul sub annum hujus ævi quadragesimum octavum, deinde Uceticensis anno quinquagesimo septimo, et tandem Mimatensis sexagesimo sexto, ut sic cogamur necessario affirmare vix in Mimatensi administranda Ecclesia annum integrum consumpsisse. Variarunt huc usque Clemencius et Robertus (Joan., Clemenc. et Claud. Robert in Catalogo Aven. episc.) in ejus cognomine efferendo et modo *Petrum Gerardi*, modo *Petrum Grimaldi* aut *Grimoardi* dici putaverunt, nepotem etiam illum, cum Catello consentes, Urbani pontificis, et Anglici cardinalis ; sed quominus eorum possim assentiri opinioni vetant fidissima monumenta, ex serie etiam episcoporum Uceticensium et Mimatensium apud Catellum (GUIL. CATELL., lib. V *Memor. Linguadoc.*, pag. 1001 et 1016), et elenchus ille abbatum Casæ-Dei veteri manu exaratus in quo diserte legitur *Petrus de Agrifolio*, ex trium mensium abbate Claromontensis, Uceticensis, Mimatensis et tandem Avenionensis episcopus qui obiit octavo julii...... »

Et plus bas : « .... Dum autem exoritur annus post millesimum trecentesimus septuagesimus exuitur mortalitati suæ *Petrus de Agrifolio* Avenionis antistis triennio vix adimpleto hujus ultimæ administrationis. »

1. Duchesne. — Manuscrit Massilian. — Ciacconius place dans le chef trois besants tantôt rangés en ligne (t. II, p. 679), tantôt rangés 1 et 2 (t. II, p. 565).

FAYDIT D'AIGREFEUILLE

1373 — 1391

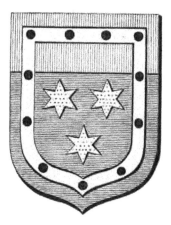

Originaire de Limoges et neveu du précédent.

Après avoir été évêque de Rodez et administrateur perpétuel de l'abbaye de Montmajour, il fut appelé à succéder à son oncle sur le siége d'Avignon en 1373, puis créé cardinal du titre de Saint-Sylvestre et Saint-Martin-des-Monts par l'antipape Clément VII (Robert de Genève) en .1382 (1).

Sous son épiscopat fut tenu à Avignon un chapitre général de l'ordre de Saint-Jean-de-Jérusalem en 1390.

Il mourut le 2 octobre 1391 et fut inhumé dans sa cathédrale derrière le maître-autel. Son tombeau, transféré plus tard vis-à-vis celui du pape Benoît XII dans la chapelle de la Purification, n'existe plus aujourd'hui, non plus que son épitaphe qui nous est transmise par Duchesne dans les termes suivants (2) :

« **Fayditus de Agrifolio Gallus, episcopus Avenionensis .a**

---

1. Fisquet (*Fr. Epis dioc. d'Arles*)dit qu'il fut transféré à l'évêché d'Avignon en 1368, créé cardinal le 23 décembre 1383 et qu'il fut administrateur de Montmajour de 1385 à 1391.

2. DUCHESNE, *Vie des card. franç.*, t. II, p 494.

Clemente VII, in sua obedientia presbiter cardinalis creatus, Sancti Sylvestri et Martini in Montibus.

« Obiit Avenione 6 nonas octobris 1391. Ibidemque sepultus. »

PORTE : *D'azur à trois étoiles à six rais d'or; au chef cousu de gueules; et pour brisure autour de l'écu un orle d'argent chargé de onze tourteaux de sable.*

CLÉMENT VII (antipape)
(ROBERT DE GENÈVE)
1391 — 1394

Robert était fils d'Amédée III, comte de Genève, et de Mathilde de Boulogne, fille du comte de Boulogne et d'Auvergne.

Il a été successivement chanoine de Paris, protonotaire apostolique, évêque de Térouane en 1361, de Cambrai en 1368, créé cardinal du titre des Douze-Apôtres par Grégoire XI le 6 juin 1372.

Élu pape à Fondi le 20 septembre 1378, il s'y fit couronner le 21 octobre suivant. Arrivé à Avignon en juin 1379, il se réserva l'administration du diocèse et la conserva jusqu'à sa mort, qui eut lieu le 16 septembre 1394; il était alors âgé de cinquante-trois ans.

Son corps, provisoirement déposé dans un des caveaux de la cathédrale, fut transféré le 18 septembre 1400 dans l'église des Célestins, qu'il avait choisie pour sa sépulture, et placé dans un mausolée qui lui fut élevé au milieu du chœur.

Il ne reste plus trace aujourd'hui de ce mausolée; l'église qui le renfermait, restaurée après la révolution, fut attribuée comme chapelle à l'hôtel des Invalides. Elle n'existe plus aujourd'hui.

PORTE : *Cinq points d'or équipollés à quatre d'azur.*

BENOIT XIII (antipape)
(PIERRE DE LUNE)
1394 — 1398

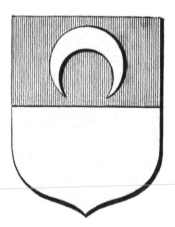

Né à Caspe, petite ville près de Huesca en Aragon.

Fils de Jean-Martin de Lune et de Marie Perez de Gotor.

Docteur en théologie, il avait professé le droit canon à l'université de Montpellier et fut ensuite nommé prévôt de l'Église de Valence, puis créé cardinal-diacre par Grégoire XI.

A la mort de ce pape, il suivit le parti de l'antipape Clément VII, qui en fit son légat en Espagne.

Élu pape le 28 septembre 1394 au sixième conclave d'Avignon, il fut couronné le 11 octobre suivant.

Il se réserva l'administration du diocèse, qu'il fit régir de 1394 à 1398 par *Arnaud archevêque d'Auch*. Plus tard, en 1403, il se constitua également administrateur de l'évêché de Carpentras, dont il conserva l'administration jusqu'en 1411.

Le concile général de Pise le déposa le 25 mars 1409.

Les Avignonais, exaspérés des exactions dont ils étaient victimes de la part des troupes aragonaises que Martin, roi d'Aragon, avait envoyées pour soutenir ce pape, appelèrent à leur aide les Français sous la conduite de Boucicaut qui avait la mission de l'arrêter.

Benoît effrayé prit la fuite et se réfugia à Peniscola, près Tortose en Aragon, où il mourut en 1424 dans une âge très-avancé.

PORTE : *Coupé de gueules et d'argent au croissant renversé d'argent sur la partie de gueules qui est en chef.*

GILLES DE BELLAMERA

1398 — 1406

Les chronologistes ne sont pas d'accord sur l'époque de sa nomination à l'évêché d'Avignon : Nouguier et après lui Canron la placent en 1398, le P. Lelong en 1393, enfin le *Gallia Christiana*, le manuscrit de Forneri, Barjavel et la *France ecclésiastique* année 1855 lui assignent la date de 1390. L'auteur de cette dernière chronologie dit même qu'il fut nommé par bulle de Clément VII donnée la quatorzième année de son pontificat, ce qui porterait cette nomination à 1392 (1). Au milieu de ces divergences, j'ai cru devoir opter pour la première version, qui me paraît mieux concorder avec ce qui précède et ce qui suit.

Ce prélat, un des flambeaux de l'université d'Avignon, où il avait brillamment occupé une chaire de droit canon pendant plusieurs années, avait été chanoine de Bayeux en 1383, archidiacre d'Angers, auditeur de la Rote de Rome, puis évêque de Lavaur et du Puy-en-Velay de 1386 à 1390. Il fut envoyé par

---

1. C'est aussi la date que lui assigne dom Polycarpe. Inutile de rappeler que tout ceci était écrit lorsque j'ai eu connaissance du manuscrit du savant chartreux.

Benoît XIII (Pierre de Lune) auprès du roi Charles VI en qualité de nonce en 1394, et enfin transféré au siége d'Avignon.

Les bibliothèques publiques d'Avignon et de Carpentras possèdent de nombreux ouvrages canoniques de ce prélat(1), qui mourut en 1406 à Avignon et fut inhumé dans la cathédrale de Notre-Dame-des-Doms, à côté du maître-autel à droite. On lit encore actuellement une inscription élogieuse en vers latins gravée en son honneur dans cette église au-dessus de la crédence (2).

PORTE : *D'azur à une fasce d'argent accompagnée en chef et en pointe de deux burelles ondées d'or* (3).

---

1. Pithon-Curt prétend que ces ouvrages sont de *Jacques de Novarins* qui les aurait publiés sous le nom emprunté de *Gilles de Bellamera.*

2. Cette inscription se trouve dans Nouguier.

3. Ces armes sont ainsi gravées, mais sans les émaux, en tête des huit volumes in-folio de ses œuvres à la bibliothèque d'Avignon, ainsi qu'au-dessus de l'inscription de l'église métropolitaine que je viens de citer. Les émaux me sont fournis par un manuscrit de 1396 écrit par ordre de Gilles de Bellamera, et faisant partie des riches collections du musée Calvet.

Plusieurs auteurs, et entre autres Duchesne, mentionnent *Gilles Aycelin de Montaigu* comme évêque d'Avignon; il y a là une confusion évidente avec *Gilles de Bellamera,* c'est l'opinion générae.

PIERRE DE TOURROYE

Administrateur pour le compte de Benoît XIII

1410 — 1412

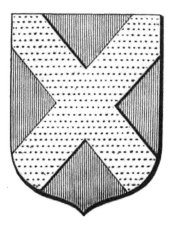

Légat du Saint-Siége, évêque de Maillezais, cardinal-prêtre du titre de Sainte-Suzanne, prit l'administration du diocèse en 1410.

Il fut l'un des dix cardinaux qui, après avoir quitté l'obédience de Benoît XIII, prirent part à Pise à l'élection d'Alexandre V.

Il mourut en septembre 1412 (1) et fut inhumé dans l'église de la chartreuse de Villeneuve.

PORTE : *De gueules au sautoir d'or* (2).

---

1 Ciacconius. — D'après Contelorius il serait mort le 16 avril 1417.
2. FRIZON. *Gallia purpurat.*, p. 454.

SIMON DE CRAMAUD

Administrateur nommé par Jean XXII

1412 — 1415

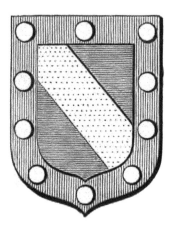

Originaire des environs de Limoges.

Évêque d'Agen de 1382 à 1383, de Beziers de 1383 à 1384, de Poitiers de 1385 à 1391, de Carcassonne de 1391 à 1409, de Reims de 1409 à 1412, et une seconde fois de Poitiers de 1412 à 1424, ce prélat fut chargé de 1412 à 1415 de l'administration apostolique du diocèse d'Avignon, qu'il cumula pendant ce temps avec son évêché de Poitiers.

Créé cardinal par Jean XXII le 15 avril 1413, il reçut en même temps le titre de patriarche d'Alexandrie.

Il mourut à Poitiers en 1429 et fut inhumé dans la cathédrale de cette ville (1).

PORTE : *D'azur à la bande d'or ; à la bordure de gueules chargée de dix besans d'argent* (2).

Dom Polycarpe de La Rivière n'est pas tout à fait d'accord, dans

---

1. Voir pour son épitaphe Ciacconius, t. II, p. 808.
2. Ciacconius. — FRIZON. *Gallia purpurat.*, p. 468.

ses annales manuscrites de l'Eglise d'Avignon, avec les autres auteurs quant à l'administration du diocèse entre *Gilles de Bellamère* et *Gui de Bouchage*. Voici ce qu'il en dit :

Gilles de Bellamère, évêque d'Avignon, mourut en 1406. Benoît XIII gouverna cette Eglise depuis cette année jusqu'en 1409, par un vicaire général au spirituel et au temporel qui se nommait *Michel Molsos* et était sacristain d'Agde. En 1409 *Isnard de Julien*(1), zélé partisan de Benoît XIII et évêque de Senez, fut appelé à régir l'Eglise d'Avignon, mais il fut repoussé par les habitants. Le siége demeura vacant de fait, et *Guillaume* abbé de Saint-André l'administra en qualité d'économe. *Isnard de Julien*, dépossédé par Alexandre V le 9 août 1409 (2) comme indigne à cause de l'obstination qu'il avait mise à s'attacher au parti de Benoît XIII, Pierre de Tourroie, cardinal de Sainte-Suzanne, remplit les fonctions d'administrateur jusqu'en 1413 où *Gui de Bouchage* vint occuper le siége.

---

1. **Fisquet** donne les armes d'Isnard de Julien : *Ecartelé aux 1 et 4 d'azur à une colombe d'argent, les ailes éployées, aux 2 et 3 de sable à une tour d'argent; sur le tout d'or à la bande de gueules.*

2. **Dans** sa bulle de dépossession Alexandre V le qualifie évêque d'Avignon et précédemment de Senez.

GUY I⁰ʳ DE ROUSSILLON-BOUCHAGE

1415 — 1419

Élu en 1415 évêque d'Avignon.

Il figura comme témoin au testament de Pierre d'Acigné, sénéchal de Provence, et procéda le 17 avril 1417 à la dédicace de l'église des cordeliers à Avignon (1).

PORTE : *D'or à l'aigle éployé de gueules* (2).
Alias : *De gueules à l'aigle éployé d'argent* (3).

---

1. Je n'ai pu me procurer d'autres renseignements sur cet évêque et l'un de ses successeurs du même nom que les quelques lignes suivantes de RIVOIRE DE LA BATIE, *Armorial du Dauphinée*. Lyon, 1867, petit in-folio :

« La cinquième branche des Roussillon, seigneurs de Bouchage et de Brangues, issue de la quatriè ne qui s'éteignit à Crécy, *donna deux évêques d'Avignon du nom de Guy en 1411 et 1419* (l'oncle et le neveu probablement). Elle s'éteignit en la personne de Guillaume de Roussillon, seigneur de Bouchage et de Brangues, vivant en 1400, dont la fille unique, nommée Françoise, épousa Jean de Compeys, seigneur de Thorens, etc.

La famille qui porte encore aujourd'hui le nom *Du Bouchage* et qui porte : *D'azur au griffon d'or*, est beaucoup moins illustre que la précédente. Son nom patronymique est *Grattet*; Rivoire de la Bâtie ne le fait remonter qu'à *François Grattet*, qui vivait en 1445 à la Tour du Pin.

2. Rivoire de la Bâtie. — 3. Guy Allard.

GUY II SPIFAME.

1419 — 1422

Né à Avignon d'une ancienne famille de Lucques, dont deux branches vinrent s'établir de ce côté des Alpes l'une à Paris et l'autre à Avignon vers 1360.

Le frère de notre évêque, Balthazard, est mentionné sur les listes municipales d'Avignon, où il a exercé les fonctions de premier consul en 1462, celles d'assesseur en 1466 et enfin celles de viguier en 1478. Il eut une fille, *Dauphine*, mariée le 27 novembre 1441 avec *Jean de Seytres*, seigneur de Novezan et de Chateauralier en Dauphiné (1).

Guy II mourut à Avignon en 1423 ou 1425 et fut inhumé dans sa cathédrale et dans la chapelle de Saint-Jean-Baptiste. Son

---

1. On voyait avant la révolution dans l'église des Cordeliers d'Avignon un tableau représentant Jean de Seytres et sa femme à genoux vis-à-vis l'un de l'autre ; Jean de Seytres est représenté revêtu de la cotte d'armes et pardessus d'une tunique semée de lions, de bandes et de coquilles, son casque et ses gantelets devant lui ; Dauphine Spifame est d'une mise fort simple qui consiste en une longue robe traînante, ajustée à la taille par une ceinture à boucle, les manches très-serrées et sans parements. Sa coiffure est un haut bonnet beaucoup plus large vers le haut qu'à l'ouverture, elle est entourée d'un crêpe relevé sur le front et tombant sur les épaules.

tombeau ne portait aucune inscription, mais seulement son blason.

PORTE : *De gueules à l'aigle au vol abaissé d'argent membré et becqué d'or* (1).

GUY III DE ROUSSILLON-BOUCHAGE

1422 — 1432

Ce prélat, originaire du Dauphiné, était de la même famille que Guy Ier et son neveu probablement.

On le trouve mentionné dans le testament de Guillaume de Roussillon, maréchal de la province du Dauphiné, qui porte la date du 9 juin 1423 (2).

---

1. Ses armes se trouvent à la métropole de Notre-Dame-des-Doms à la voûte de la chapelle de Saint-Jean-Baptiste qu'il a fait édifier, ainsi qu'aux contre-forts extérieurs. A la clef de voûte au-dessus de l'autel on voit l'aigle le bec de face (et non de profil) au vol abaissé, et sans indication de couleurs.

A la clef de la travée qui précède, on voit un écu au même aigle *parti, écartelé aux 1 et 4 à trois rocs d'échiquier 2 et 1 ; aux 2 et 3 à deux vols abaissés.* Cet écu est répété sur le contre-fort extérieur du côté du nord. Enfin sur la paroi intérieure de la chapelle on voit un écu aux armes de *Caumont* auxquels la famille Spifame était alliée par les *Seytres.* Voir pour ces familles Pithon-Curt.

2. *Gallia christiana.*

Tous les chronologistes sont unanimes à le nommer, mais sans aucun détail. Ni les uns ni les autres ne sont d'accord sur le commencement de son épiscopat, que Gui Allard fixe à 1422, les auteurs de la *France ecclésiastique* à 1423, Canron et d'autres encore à 1426. Ils varient également sur la fin de son adminis-tration entre 1429 et 1432 (1).

PORTE : *De gueules à l'aigle éployé d'argent* (2).
Alias : *D'or à l'aigle éployé de gueules* (3).

MARC CONDULMERO
1432 — 1438

Il était Vénitien et proche parent du pape Eugène IV (Gabriel Condulmero).

Il fut pourvu par lui de l'évêché et de la légation d'Avignon en 1432 (4), mais il fut peu après dépossédé de la légation par

---

1. Voir les notes qui concernent Guy Iᵉʳ, son prédécesseur.
2. Guy Allard. — 3. Rivoire de la Bâtie.
4. Cottier dit qu'il fut, la même année, nommé recteur du Venaissin.

Alphonse Carillo, Espagnol, cardinal du titre de Saint-Eustache, qui s'y fit nommer par le concile de Bâle.

Transféré en 1434 à l'archevêché de Tarentaise, notre prélat fut ensuite investi du patriarcat d'Alexandrie.

PORTE : *D'azur à la bande d'argent.*

Le siége resté vacant de 1434 à 1438, le diocèse fut administré pendant ces quatre ans par un vicaire du nom de *Bartolus de Cingulo*, suivant une bulle du pape Eugène IV du 14 novembre 1434.

Ce vicaire administra au nom du pape dont je ne reproduis pas les armes, qui sont les mêmes que celles de son cousin *Marc Condulmero*.

ALAIN DE COETIVY

1438 — 1474

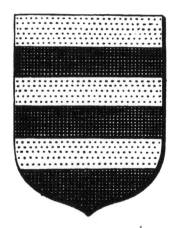

Né le 8 novembre 1407, il était fils d'Alain de Coëtivy, troisième du nom et de Catherine Duchastel, fille d'Erné seigneur Duchastel. Prégent de Coëtivy, maréchal et amiral de France, seigneur de

Taillebourg, que quelques auteurs lui donnent pour père, n'était que son frère aîné.

Son cousin germain Charles de Taillebourg épousa Jeanne, tante de François Ier roi de.France.

Promu au siége épiscopal d'Avignon en 1438, il fut successivement et pendant son épiscopat pourvu des évêchés d'Uzès de 1442 à 1445, de Nîmes de 1456 à 1461, de Dol en Bretagne de 1461 à 1474 (1). On sait que ce dernier évêché ne lui avait été donné qu'en commende et qu'il l'a fait administrer successivement par deux suffragants; il a dû en être de même des deux autres.

Il fut nommé cardinal du titre de Sainte-Praxède le 20 décembre 1448.

Le pape Calixte III l'envoya en 1456 en qualité de vice-légat auprès de Charles VII roi de France pour organiser la croisade.

Il présida le 23 mars de la même année dans la cathédrale de Notre-Dame-des-Doms un concile qui avait été convoqué par l'archevêque d'Arles.

Pendant les diverses légations dont il fut investi, le diocèse fut administré par le dominicain *Jean de Coliargis*, évêque de *Troja*, au royaume de Naples, qui lui avait été donné pour suffragant ou auxiliaire.

Il mourut à Rome le 22 juillet 1474 à soixante-six ans et fut inhumé dans l'église de son titre (Sainte-Praxède) (2).

PORTE : *Fascé d'or et de sable de six pièces* (3).

---

1. MIGNE. *Dict. de Stat.* — 2. Le *Gallia christiana* a donné son épitaphe.
3. MIGNE. *Dict. hérald.* — LE MÊME. *Dict. de Statis.* Son sceau matrice fait partie de la collection Dongé publiée par Charvet. 1862. — FRIZON, p. 5o3.

JULIEN DE LA ROVÈRE

Iᵉʳ ARCHEVÊQUE.

1475 — 1503

Né en 1443 au bourg d'Albizale, près Savone, il était fils de Raphaël de la Rovère et neveu du pape Sixte IV.

Il avait été abbé commendataire de Notre-Dame-des-Grés, près Carpentras, puis créé cardinal du titre de Saint-Pierre-ès-liens en 1471, promu à l'évêché de Carpentras en 1471, puis à celui d'Avignon en 1475.

A sa sollicitation, le pape Sixte IV, son oncle, érigea le siége d'Avignon en archevêché par bulle du 21 novembre 1475. Il en fut le premier titulaire, et on lui donna pour suffragants les évêchés de Carpentras, Cavaillon et Vaison, détachés comme Avignon de la province d'Arles.

Il succéda au cardinal Charles Iᵉʳ de Bourbon dans la légation d'Avignon en 1476.

Ce prélat, dont le nom est resté des plus populaires à Avignon, y donna une grande impulsion à l'instruction publique, et y fonda un collége qui a conservé son nom (Collége du Roure).

Il sécularisa le chapitre de Notre-Dame-des-Doms, régulier jusqu'alors sous la règle de saint Augustin, et obtint pour ses chanoines le droit de porter le manteau de chœur rouge pareil à celui des cardinaux.

Ce fut sous son administration, en 1489, que fut établie à Avignon la première imprimerie qu'il prit sous sa protection (1).

Elu pape sous le nom de Jules II le 1er novembre 1503, il mourut dix ans après, le 21 janvier 1513 à Rome, où il fut enterré dans l'église de son titre.

PORTE : *D'azur au chêne arraché d'or, les branches passées en double sautoir* (2).

---

1. D'après Prosper Marchand, dans son *Histoire de l'Imprimerie,* le rremier ouvrage imprimé cette année-là à Avignon avait pour titre : *Arnaldi Badeti Tractatus de mirabilibus mundi ejusdem compositione.*

2. Ciacconius. — Manuscrit Massilian. — Enfin ses armes sont plusieurs fois répétées sur les murs du petit séminaire, autrefois son palais.

Je les trouve aussi sur un vieux manuscrit sans titre ni nom d'auteur, que M. l'abbé Correnson a eu l'heureuse chance de rencontrer il y a quelques années. Ce manuscrit, auquel il manque quelques-unes des premières pages, contient encore plus de cinq cents blasons, presque tous appartenant soit à des familles comtadines, soit à des personnages ayant joué un rôle dans le pays. J'aurai occasion de le citer bien souvent.

ANTOINE FLORÈS

IIᵉ ARCHEVÊQUE

1504 — 1512

Espagnol de naissance, il appartenait à une noble et ancienne famille, sur laquelle je n'ai pu me procurer d'autre renseignement.

Il prit possession du siége en 1504.

C'est à sa libéralité que l'on doit la construction de la chapelle de l'Annonciation à la métropole.

Il tint en 1509 un synode dont les règlements ont souvent été invoqués depuis.

Il assista en 1512 au cinquième concile de Latran et confia, en partant, l'administration du diocèse à *Frère Jean Columbi*, de l'ordre des FF. Mineurs, évêque de Troie *in partibus*, pénitencier du pape à Avignon et régent du comtat Venaissin (1).

Décédé en 1512, il fut inhumé dans la chapelle qu'il avait fait

---

1. *Jean Columbi* portait : *D'azur à la fasce d'or accompagnée de quatre roses d'or et de gueules deux en chef et deux en pointe alternativement.* (PITHON-CURT.)

construire au pied de l'autel sous une simple pierre sans inscription.

PORTE : *D'azur à cinq fleurs de lys d'or posées en sautoir; à la bordure d'argent chargée de huit sautoirs d'azur* (1).

ORLAND DE CARETTO

III° ARCHEVÊQUE

1512 — 1517

Né à Finale (Rivière de Gênes), de l'ancienne famille des marquis de Savone et de Finale, il tenait par sa mère à l'illustre maison de *Rovere*.

La famille de Caretto a compté au nombre de ses membres: Charles Dominique, cardinal de Sainte-Cécile(1514), évêque de Cahors en 1513 et 1514; Fabrice, grand-maître des chevaliers de Saint-Jean-de-Jérusalem en 1513; Louis et Paul, tous deux aussi évêques de Cahors, l'un en 1515, l'autre en 1524.

1. Ainsi sculptées sur les fonts baptismaux à la métropole, à la clef de voûte de sa chapelle, et enfin sur deux des contre-forts extérieurs au nord de la même église.

Orland, nommé à l'archevêché d'Avignon en 1512, avait assisté l'année précédente au cinquième concile de Latran.

D'après Canron, *Barthélemi Portalenqui* lui' aurait été donné pour suffragant ou auxiliaire en 1515.

Il mourut en 1527 (1).

Quelques chronologistes ont prétendu qu'il y avait eu deux évêques successifs du nom de Orland sur le siége d'Avignon, l'un de Caretto et l'autre de Rovère. C'est une erreur certaine (2).

PORTE : *Parti; ou premier d'azur au chêne arraché d'or les branches passées en double sautoir,* qui est de la Rovère ; *au deuxième de gueules à cinq bandes d'or* qui est Caretto; *au chef d'or chargé d'un aigle de sable* (3).

---

1. Il y a quinze ans environ que son tombeau fut découvert dans la chapelle du Saint-Sacrement. On retrouva dans le cercueil les gants de ce prélat brodés aux armes de Rovère. Ces gants sont aujourd'hui entre les mains de M. l'abbé Correnson.

2. Voici ce que dit le manuscrit Massilian :
« Aliud illi cognomentum datur in tabulis sancti Andreæ de Villanova prope Avenionem. Ibi enim legitur francum de gentilibus vicarium generalem *Orlandi de Rovera,* archiepiscopi Avenionensis... Vix enim credi potest duos episcopos Avenionenses inusitatum nomen *Orlandi* successive gessisse tam brevi tempore (ab anno 1513 ad 1527), alterum de *Caretto,* alterum de *Rovere* »

3. Manuscrit Massillian.

HIPPOLYTE DE MÉDICIS

IV° ARCHEVÊQUE

1527 — 1535

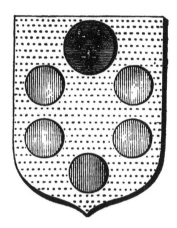

Né à Florence le 19 avril 1511, il était fils de Julien de Médicis, vexillifère de la sainte Église romaine, neveu des papes Léon X et Clément VII et cousin d'Alexandre Ier de Médicis, duc de Florence.

Il avait été légat en Ombrie et archevêque de Montréal, et assista au sacre de Charles-Quint avec le titre de légat *à latere*.

Il fut pourvu de l'archevêché d'Avignon en 1527 et créé cardinal du titre de Sainte-Praxède le 8 juin 1529 (1).

Mort à Fondi en 1535 à l'âge de vingt-quatre ans, il fut enterré à Rome dans l'église de Saint-Laurent *in Damaso* (2).

PORTE : *D'or à inqc tourteaux de gueules surmontés d'un sixième d'azur chargé de trois fleurs de lys d'or* (3).

---

1. Canron dit qu'il n'eut que le titre d'administrateur apostolique du diocèse.
2. Nouguier et le *Gallia christiana* donnent son épitaphe.
3. Les armes de Médicis étaient autrefois *d'or à six tourteaux de gueules posés* 1, 2, 2 et 1. Ce fut Louis XI qui changea le tourteau du chef et autorisa le grand-duc Pierre II de le remplacer par un autre aux armes de France : *d'azur à trois fleurs de lys d'or*.

ALEXANDRE FARNÈSE

Vᵉ ARCHEVÊQUE

1535 — 1552

Né à Rome le 7 octobre 1520, il était fils de Pierre Farnèse, duc de Parme et de Plaisance, et de Hiérosime des Ursins et neveu du pape Paul III.

• Peu de prélats ont été dotés d'autant de bénéfices et de titres que le cardinal Farnèse. Nommé évêque de Parme par son oncle, il reçoit peu après de l'empereur Charles-Quint l'archevêché de Montréal; archiprêtre de Sainte-Marie Majeure, patriarche de Jérusalem, prévôt de l'église de Wursbourg en Allemagne, archiprêtre de Saint-Pierre de Rome sous Jules III, évêque de Vicence sous Pie IV, titré cardinal de Saint-Ange, puis de Saint-Laurent, il joint bientôt à ces dignités successives ou cumulées, celle de doyen du sacré-collége, avec le titre d'évêque de Sabine, de Tusculum, de Porto, d'Ostie et de Velletri (1), et est enfin créé vice-chancelier de l'Eglise romaine.

Promu à l'archevêché d'Avignon en 1535 et ne pouvant admi-

---

1. Ciacconius lui donne encore le titre d'évêque de Massa, de Spolète, d'Agnani, de Macerata.

nistrer par lui-même son diocèse, il constitua pour son vicaire *Antoine Facchinetti*, devenu pape plus tard en 1591 (1) sous le nom d'Innocent IX, et le remplaça vers 1545 par *Simon Puy*, évêque de Damas *in partibus*, son suffragant (2).

Il occupa la légation d'Avignon en 1541, à la mort du cardinal de Clermont-Lodève.

C'est à lui que la ville doit la fondation de l'*Aumône générale*.

Il se démit de l'archevêché en 1552 et y fut de nouveau promu en 1560, comme nous le verrons plus loin.

PORTE : *D'or à six fleurs de lys d'azur posées 3, 2 et 1* (3).

ANNIBAL BUZZUTO

VIe ARCHEVÊQUE -

1573 — 1560

Né à Naples d'une famille distinguée qui a fourni à l'Eglise plusieurs cardinaux, il avait été protonotaire apostolique et vice-légat à Bologne en 1548.

---

1. Porte : *D'argent à un orme arraché de sinople.*
2. Canron lui donne pour vicaire, avant *Simon Puy*, *Pierre de Vaesc, évêque de Castres.*
3. Son sceau est au musée Calvet.

Nommé à l'archevêché d'Avignon en 1552 par le pape Jules III, il en prit possession l'année suivante.

Il fut élevé à la dignité de cardinal le 12 mars 1565 et mourut à Naples la même année, âgé de quarante-cinq ans.

Son corps repose dans l'église métropolitaine de cette ville.

PORTE : *D'or à la bande d'azur chargée de trois coquilles d'argent* (1).

ALEXANDRE FARNÈSE

DE NOUVEAU. 1560 — 1566

Après la retraite du cardinal Buzzuto en 1560, le cardinal Alexandre Farnèse fut de nouveau préconisé à l'archevêché d'Avignon ; mais il le fit gérer par *Pierre de Busquières* évêque de Nicopolis *in partibus,* qui lui avait été donné pour suffragant ou auxiliaire (2).

Le cardinal Farnèse mourut à Rome le 2 mars 1589, âgé de soixante-neuf ans, et fut inhumé dans l'église du Saint-Nom-de-Jésus qu'il avait fait bâtir (3).

---

1. Ciacconius.
2. Canron lui fait reprendre l'administration de son diocèse en 1556, et se trouve sur ce point en désaccord avec presque toutes les listes chronologiques que j'ai consultées.
. 3. Il a été cardinal pendant cinquante-cinq ans environ, ayant été créé en 1534 alors qu'il n'avait pas encore quinze ans.

FÉLICIEN CAPITONE

VII° ARCHEVÊQUE

1566 — 1576

Félicien Scosta, né en 1511 à Capitone, petit village sur le territoire de Narni, d'une famille honorable, mais peu fortunée, fut
plus tard adopté par la noble famille des Capitoni de Narni, dont
il prit le nom sous lequel seul il est connu.

Entré fort jeune au monastère des Servites *delle Grazie de
Narni*, il revêtit l'habit de cet ordre à seize ans. Studieux et
appliqué, il ne tarda pas à s'y distinguer et remplit successivement
toutes les charges de son ordre, sauf la première.

Fort apprécié du cardinal Farnèse, ce dernier l'attacha à sa
personne en qualité de théologien; peu de temps après, en
juin 1566, l'appui de ce puissant protecteur et la recommandation de S. Charles Borromée lui valaient sa nomination à l'archevêché d'Avignon.

Doué d'une grande éloquence et d'une grande science théolo-
gique, il employa ses éminentes facultés à combattre avec succès
l'hérésie des huguenots, qui faisait à cette époque des progrès
considérables dans le midi de la France et parvint à en garantir
son diocèse .

On a de lui un ouvrage remarquable, réfutation des erreurs que cherchaient à répandre ces sectaires (1), et un traité du Jubilé, qui n'est connu que de nom.

Il fit pendant son épiscopat un premier voyage en Italie, au commencement de l'année 1573, et en revint le 29 juillet de la même année; sa rentrée à Avignon fut l'occasion d'un véritable triomphe. Près de quatre ans après, le 11 juin 1576, il éprouva de nouveau le besoin de revoir sa patrie et sa famille; c'est à son arrivée à Capitone, et pour ainsi dire dans les bras de ses proches, qu'il ressentit les premières atteintes de la maladie à laquelle il devait succomber.

Il s'éteignit en effet dans son village natal, dans la nuit du 5 janvier 1577, et y fut inhumé dans l'église de Saint-André.

Mgr Capitone a tenu à Avignon un synode, peu après sa nomination; puis, quelques années après, un concile provincial, auquel assista le cardinal de Bourbon, et enfin, en 1574, un autre synode dont la première séance eut lieu le 5 novembre.

Trente-cinq ans après sa mort l'inscription suivante, qui n'existe plus aujourd'hui, fut placée en son honneur dans l'église de son monastère *Delle Grazie* :

FELICIANO CAPITONIO NARNIEN.

ORD. SERVOR. B. M. A. ARCHIEPISCOPO

AVIGNIONEN. A PIO V. A. P. O. M. CREATO

CONCIONATORI ELOQUENTISS.

CAROLO VIIII FRANCORUM

REGI GRATISS.

IN OMNI VIRTUTUM AC DISCIPLINA-

RUM GENERE ERUDITISS. QUI ADVER-

SUS HÆRESES EGREGIE VOLUMEN

SCRIPSIT

TANQUAM DE ECC. BENEM. D.

---

1. *Explicationes catholicæ locorum fere omnium veteri ac novi Testamenti quibus ad stabiliendas hæreses nostra tempestate abutuntur hæretici.* Venetiis, 1579, *apud Guerreros fratres eorumque socios.* Cet ouvrage a eu une deuxième édition, en 1581, à Cologne, *apud Mathæum Polinum.*

FR. PROSPERUS BONCAMBIVS
S. T. D. P. ANNO SAL. MDCXI.

De son côté, sa ville natale, justement fière d'avoir donné le jour à cet éminent prélat, décida de perpétuer son souvenir par cette autre inscription, également perdue aujourd'hui, qui fut placée dans la principale salle de la maison commune :

FELICIANO CAPITONIO NARNIENSI,

FELICI E FAMILIA SERVORUM MATRIS ALUMNO

VERE AD PATRIÆ ORDINIS ORBISQ. FELICITATEM NATO

CONCIONATORI PER ITALIAM CLARISSIMO

DOCTORI UNIVERSUM PER ORDINEM ERUDITISSIMO

HÆRESUM PER GALLIAM ORE STYLOQUE INSECTATORI ACERRIMO

ETIAM A CARDINALE BELLARMINO PLURIMI HABITO

ALEXANDRO CARDINALI FARNESIO CAROLO IX GALLIARUM REGI

SUMMOQUE PONTIFICI PAULO III APPRIME CARO

ARCHIEPISCOPATU AVENIONENSI A. S. S. PIO V. DIVI CAROLI

PRECIBUS DONATO

EXCITANDÆ VIRTUTIS CALCARÆTERNÆ

SUÆ BENEVOLENTIÆ

MONUMENTUM

HANC GRATÆ VOLUNTATIS TESSERAM POSUIT

S. P. Q. N.

PORTE: *Parti; au 1er d'or à six fleurs de lys d'azur posées 3, 2 et 1, qui est Farnèse; au 2me d'azur, au lion d'or armé et lampassé de gueules, surmonté d'une étoile à six rais d'or; à la bande de gueules chargée de deux besans d'or brochant sur le tout (1).*

1. Manuscrit Massillian. — M. le chevalier de Crollalanza. Voir pour ce prélat une notice publiée en 1855 (mars) dans l'*Album*, journal des beaux-arts publié à Rome, renfermant une notice remarquable signée *Jean Eroli* et dont M. de Crollalanza a bien voulu me donner communication.

GEORGES D'ARMAGNAC

VIII° ARCHEVÊQUE

1577 — 1580

Appartenait à la maison des comtes d'Armagnac et était fils de Pierre vicomte de Grimois, baron de Caussade, et de Yolande de la Haye de Passavant, de la famille du cardinal d'Amboise, qui s'était chargé de l'éducation du futur prélat.

Evêque de Rodez de 1529 à 1560, administrateur perpétuel de l'évêché de Vabres de 1536 à 1553, il devint en 1541 ambassadeur de François I⁰ʳ auprès de la république de Venise et ensuite auprès du pape Paul III, qui le créa cardinal le 3 juillet 1544. Archevêque de Toulouse de 1562 à 1577, il fut nommé en 1565 lieutenant général de Sa Sainteté pour l'État d'Avignon et le comtat Venaissin et co-légat du cardinal Charles de Bourbon.

Son dernier siége fut l'archevêché d'Avignon, auquel il fut promu le 7 janvier 1577 et qu'il administra jusqu'à sa mort.

Il mourut le 21 juillet 1585, à l'âge de quatre-vingt-quatre ans, et fut inhumé dans la chapelle qui sert de sépulture aux archevêques.

PORTE : *Écartelé au 1ᵉʳ et au 4ᵉ d'argent au lion de gueules; au 2ᵉ et au 3ᵉ de gueules au lion léopardé d'or* (1).

DOMINIQUE GRIMALDI

IXᵉ ARCHEVÊQUE

1585 — 1592

Né à Gênes, fils de J. B. Montalde Grimaldi, comte Palatin, et de Madeleine Palavicini; il avait été commissaire général des galères du pape à la bataille de Lépante en 1571, recteur du comtat Venaissin en 1577, évêque de Savone en 1581, évêque de Cavaillon en 1583; il fut enfin élevé à la dignité d'archevêque d'Avignon, avec le titre de général des armes de Sa Sainteté dans Avignon et le comtat Venaissin en 1585.

Il fut de plus, en 1591, pourvu de l'abbaye de Montmajour.

L'année précédente il avait été remplacé dans la vice-légation

---

1. Manuscrit Correnson. — Le manuscrit Massillian donne l'émail des 1 et 4 d'azur, ce qui est une erreur.

par *Dominique Petrucci*, à la suite d'accusations calomnieuses, dont il alla se justifier à Rome, et il revint en 1592 reprendre possession de ce poste.

Il mourut le 1ᵉʳ août 1592, à l'âge de cinquante et un ans, et fut inhumé dans la chaplle des archevêques. Un beau mausolée en marbre noir et blanc lui fut élevé par ses deux frères; le buste placé au centre a seul disparu à l'époque de la révolution.

PORTE : *Fuselé d'argent et de gueules ; au chef d'or chargé d'une aigle éployée dè sable.*

FRANÇOIS-MARIE THAURUSI

Xᵉ ARCHEVÊQUE

1592 — 1597

Originaire de Montepulciano (Toscane), neveu du pape Jules III et de Pierre de Monte, grand-maître des chevaliers de Saint-Jean-de-Jérusalem.

C'est à lui que l'on doit les règlements de l'ordre de l'Oratoire, qu'il rédigea sous l'inspiration de saint Philippe de Néri, son fondateur. C'est sous sa protection que César de Bus fonda à Avignon l'ordre de la Doctrine chrétienne.

Il tint en 1594 un concile provincial et fut transféré le 15 septembre 1597 à l'archevêché de Sienne, de celui d'Avignon qu'il occupait depuis 1592; puis élevé à la dignité de cardinal, du titre de *Saint-Barthélemy en l'Isle* qu'il échangea le 15 juin 1602 contre celui de Sainte-Marie *super Minervam.*

Plus tard il se démit de l'archevêché de Sienne en faveur de Charles Borghèse et alla finir ses jours à l'Oratoire, où il mourut le 3 des ides de juin 1608.

Il fut inhumé à Rome dans un des caveaux de la chapelle *Sancta Maria in Vallicella,* vulgairement connue sous le nom de *Chiesa Nueva,* et placé dans le même tombeau que son ami *Baronius,* le savant historien des papes.

PORTE : *D'azur au taureau d'or debout* (1).

JEAN-FRANÇOIS BORDINI

XIe ARCHEVÊQUE

1598 — 1609

Romain d'origine, prêtre de la congrégation de l'Oratoire de

---

1. Ciacconius. — *Gallia christiana.* — Manuscrit Massillian.

SECTION D'ART HÉRALDIQUE.

Saint-Philippe de Néri, évêque de Cavaillon, puis vice-légat d'Avignon de 1596 à 1599, il fut promu au siége archiépiscopal de ce diocèse en 1598.

Ce prélat, d'un profond savoir, a publié en 1604, à Paris, les *Vies des Papes* d'après le cardinal Baronius, dans l'intimité duquel il avait vécu et dont il revit et corrigea les œuvres.

Il tint en 1600 un synode dans sa métropole.

Mort en 1609, il fut inhumé dans le chœur de Notre-Dame-des-Doms devant le maître-autel.

Sous son épiscopat mourut à Avignon, le 15 avril 1609, César de Bus, l'illustre fondateur de l'ordre de la Doctrine chrétienne.

PORTE : *D'azur au vase à deux anses d'or* (1).

ETIENNE DULCI

XII° ARCHEVÊQUE.

1609 — 1624

Natif d'Orvieto, moine de l'ordre de Saint-Dominique, prieur de la Minerve et examinateur des évêques en cour de Rome ; il

---

1. Manuscrit Massillian. — Manuscrit Correnson. — Barjavel.

fut nommé à l'archevêché d'Avignon en 1609, fit son entrée solennelle et prit possession du siége à la fin de la même année.

Il tint un synode dans sa métropole le 16 avril 1613 1. Antérieurement, en 1610, il avait été chargé de l'administration du pays en qualité de vice-légat.

Ce prélat, mort le 23 juin 1624, fut enseveli dans le chœur de sa métropole, devant le maitre-autel.

Son épiscopat a été marqué par l'établissement à Avignon de l'ordre de la Visitation qui y fut installé par saint François de Sales, son fondateur, en 1622.

PORTE : *De gueules, à la douce d'argent (2) armée et lampassée de sable.*

---

1. Nouguier, p. 217 et suiv., désigne les personnes qui composèrent ce synode, et donne le texte des décrets qui y furent rendus.

2. Cet animal, dont je ne trouve la définition nulle part, est ainsi désigné dans le manuscrit Massillan et dans celui de Correnson. C'est le même qui figure sur les armes de *Styrie*, c'est-à-dire un griffon moins les ailes.

M. le chevalier de Crollalanza, l'obligeant président de l'Académie héraldique italienne, dont j'aurai à citer quelquefois l'autorité, le désigne sous le nom de griffon.

MARIUS PHILONARDI

XIII° ARCHEVÊQUE

1624 — 1645

Né à Anagni, il était fils de Scipion Philonardi et de Brigitte d'Ambroise, frère de Philippe cardinal du titre de Sainte-Marie-du-Peuple et d'Alexandre évêque d'Aquin, et neveu de Flaminius Philonardi, cardinal et aussi évêque d'Aquin.

Nommé à l'archevêché d'Avignon par le pape Urbain VIII en 1624, il ne prit possession du siége qu'en 1625, après l'entrée solennelle du légat-cardinal Barberini.

Il fut investi, en 1629, de la charge de vice-légat et de celle de surintendant des armes de Sa Sainteté dans Avignon et le Comtat.

Nommé en 1634 nonce ordinaire du pape auprès du roi de Pologne Uladislas, il eut pour successeur dans la vice-légation Jules Mazarin, qui devint plus tard cardinal et ministre de France, sous les rois Louis XIII et Louis XIV.

Il mourut à Rome en août 1644.

C'est à ce prélat que l'on doit la construction de la jolie chapelle des Dames du Saint-Sacrement, autrefois la Visitation, sur la place Pignote, et c'est de lui que la rue Philonarde tient son nom.

PORTE : *Ecartelé au 1er et au 4me parti d'or au demi aigle au vol abaissé de sable ; et pallé de six pièces azur et or ; au 2ᵐᵉ et au 3ᵐᵉ de gueules au chêne arraché d'or les branches passées en double sautoir* (1).

BERNARD PINELLI

XIVᵉ ARCHEVÊQUE

1645 — 1646

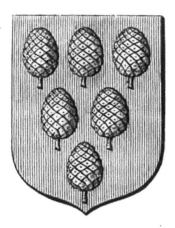

Il était Génois et d'une famille patricienne, à laquelle appartenait déjà le cardinal Dominique Pinelli.

Bernard, religieux théatin, fut promu à l'archevêché d'Avignon, en 1645. Sa lettre pastorale est datée de Rome du 10 mai de cette même année. Il fut peu après investi de la charge de vice-légat, qu'il exerça pendant quelques mois seulement, et mourut le 18 janvier 1646.

Son corps fut déposé dans le tombeau de Etienne Dulci.

PORTE : *De gueules à six pommes de pin d'or posées 3, 2 et 1* (1).

---

1. Manuscrit Massillian. — Ces armes sont cinq fois reproduites en relief et en couleur dans la chapelle du Saint-Sacrement dont il a été le fondateur.
2. Manuscrit Massillian. — Manuscrit Correnson.

CESAR ARGELLI

XVᵉ ARCHEVÊQUE

1647 — 1648

Célèbre jurisconsulte et auteur estimé de plusieurs ouvrages de droit sur la propriété (1), auditeur général en la légation d'Avignon, ce prélat appartenait à une noble famille de Bologne.

Il fut nommé archevêque d'Avignon et sacré le 12 mai 1647 par le cardinal Frédéric Sforza, vice-légat.

Il mourut des suites d'une chute le 31 juillet 1648, et, comme son prédécesseur, il fut inhumé dans le tombeau de Dulci.

PORTE : *D'argent au lion de sable armé et lampassé de gueules; au chef d'azur chargé de trois fleurs de lys d'or* (2).

---

1. On cite entre autres de lui : *De acquirenda possessione*, et *De legitimo possessore*.
2. Manuscrit Massillian.

DOMINIQUE DE MARINI

XVI° ARCHEVÊQUE

1649 — 1669

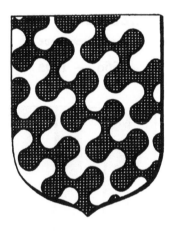

Né à Gênes en 1593, il appartenait par son père à l'ancienne et illustre maison de Marini, et par sa mère à celle non moins noble des Justiniani. Théologien célèbre, il avait été général de l'ordre des Dominicains et prieur de la Minerve à Rome.

Nommé à l'archevêché d'Avignon le 18 octobre 1648, il obtint ses bulles le 1ᵉʳ mars 1649, fut sacré le 11 avril dans l'église de Saint-Sixte, reçut le *pallium* du cardinal Jérôme Colonna et fit son entrée solennelle le 11 juillet de la même année.

Il exerça les fonctions de vice-légat de 1653 à 1654.

Ce prélat fut l'un des plus insignes bienfaiteurs de sa métropole; il mourut le 20 juin 1669 à l'âge de soixante-seize ans, après avoir légué tous ses biens au mont-de-piété d'Avignon par testament du 10 juin de la même année (1).

Il a été inhumé dans sa métropole et dans la chapelle destinée à la sépulture des archevêques. L'administration du mont-de-

---

1. Bellon, notaire apostolique.

piété reconnaissante lui fit ériger après la révolution un **beau** mausolée, qui existe encore.

PORTE : *D'argent à trois bandes entées et ondées de sable.*

AZO ARIOSTO

XVII° ARCHEVÊQUE

1669 — 1672

Originaire de Bologne, il avait été lieutenant civil à Rome et auditeur de la Chambre apostolique.

Il fut nommé archevêque d'Avignon le 9 septembre 1669, sacré à Rome le 29 du même mois par le cardinal Altieri, assisté de l'évêque de Sinigaglia et de Charles-Joseph de Suarès évêque de Vaison; mais en même temps il fut pourvu de la vice-légation, qu'il administra jusqu'au 19 juillet de l'année suivante. Il en remplit aussi plus tard l'intérim à diverses reprises.

Il entra en possession de son siége le 13 juillet 1670.

C'est à lui que l'on doit l'établissement des sœurs de Saint-Joseph à l'hôpital d'Avignon, ainsi que la reconstruction du

---

1. Sur son mausolée. — Manuscrit Massillian.

chœur de la métropole de Notre-Dame-des-Doms et la construction des tribunes actuelles.

Il mourut le 17 novembre 1672, âgé de soixante-douze ans, et
fut inhumé, comme ses prédécesseurs, dans le tombeau de Dulci.

PORTE : *Pallé d'argent et d'azur de six pièces* (1).

HYACINTHE LIBELLI

XVIIIe ARCHEVÊQUE

1673 — 1684

Né à Citta-di-Castello, près de Pérouse; provincial des
Dominicains, préfet de la congrégation de la Propagande,
secrétaire de celle de l'Index et maître du sacré palais, il fut
promu à l'archevêché d'Avignon le 4 janvier 1673, et en prit
possession le 21 février suivant.

Il exerça les fonctions de vice-légat par intérim à diverses
reprises (2).

Sous son épiscopat fut confirmé par le pape Clément X,

---

1. Manuscrit Massillian.
2. Du 30 mai jusqu'au 20 juillet 1672 et du 17 août jusqu'en mars 1677.

le 26 avril 1676, le droit du chapitre métropolitain de porter le manteau de chœur rouge pareil à celui des cardinaux, à la seule différence de l'étoffe ; ce dernier était en soie, et celui des chanoines en laine.

C'est à ce prélat que l'on doit la construction de la remarquable chapelle de la Résurrection, dans laquelle se trouve aujourd'hui la *Vierge* de Pradier.

Il mourut le 24 octobre 1684, à soixante-huit ans et fut inhumé dans la chapelle qu'il avait fait édifier dans la métropole et dont je viens de parler. On y voyait encore il y a quelques années le mausolée qu'il s'était fait faire de son vivant, sur lequel un squelette écrit ces mots :

Hyacinthus Libelli, archiepiscopus Avenionensis.

Ce tombeau, remarquable de style, est l'œuvre du célèbre sculpteur *Bernus* de Carpentras.

PORTE: *Coupé d'azur et d'or au lion rampant de l'un en l'autre ; à la fasce de gueules chargée de trois étoiles d'or brochant sur le tout* (1).

---

1. Ces armes sont sculptées dans la chapelle de la Résurrection. — Manuscrit Massillian.

ALEXANDRE MONTECATINI

XIXᵉ ARCHEVÊQUE

1686 — 1689

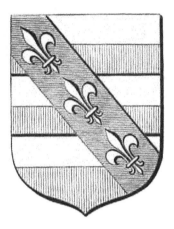

De la maison des comtes de Montecatini, il était chartreux et procureur général de son ordre à Rome.

Nommé à l'archevêché d'Avignon le 16 avril 1686, il fut sacré le 26 mai, arriva à Avignon le 15 octobre, et fit son entrée solennelle le 17 novembre suivant, monté sur une mule blanche conformément à un ancien usage qu'il fit revivre.

Sous son épiscopat les troupes françaises occupèrent Avignon et le Comtat pour la seconde fois, du 30 septembre 1687 au 1ᵉʳ novembre 1689.

Il mourut le 6 octobre 1689, et son corps fut placé dans le tombeau de Dulci (1).

PORTE : *Fascé d'argent et de gueules de six pièces ; à la bande d'azur chargée de trois fleurs de lys d'argent brochant sur le tout* (2).

---

1. D'après le *Gallia christiana* il serait mort le 2 octobre.
2. Manuscrit Massillian.

LAURENT-MARIE FIESCHI

XXᵉ ARCHEVÊQUE

1691 — 1706

Né le 21 mai 1642, il était fils d'Innocent Fieschi et de Marie Jeanne Carmagnola et appartenait au patriciat de Gênes.

Nommé vice-légat d'Avignon en 1691, il prit possession du siége archiépiscopal (1) en mai de la même année.

En 1702 (2), le pape Innocent XI l'envoya en qualité de nonce auprès du roi Louis XIV (3).

En 1706 il fut créé cardinal du titre de Sainte-Marie-de-la-Paix; nommé ensuite à l'archevêché de Gênes, sa patrie, il fut appelé à faire successivement partie de plusieurs congrégations, et entre autres de celle des Rites avec l'emploi de secrétaire.

Il mourut le 1ᵉʳ mai 1726; on l'inhuma dans la métropole de Saint-Laurent, sous la chapelle dédiée à saint Georges.

PORTE : *Bandé d'argent et d'azur de six pièces* (4).

---

1. D'après le *Gallia christiana*, sa nomination à l'archevêché d'Avignon serait du 5 septembre 1690.
2. Nouguier dit en 1740.
3. Antérieurement à sa nomination au siége d'Avignon, il avait été vice-légat d'Urbin et préteur de Viterbe.
4. Un sceau matrice au cabinet des médailles de Marseille. — MIGNE, *Dict. hérald.*

FRANÇOIS-MAURICE GONTERI

XXIe ARCHEVÊQUE

1705 — 1742

Il appartenait à la maison des marquis de Canillac de Turin.

Sacré à Rome, dans l'église de la Propagande, le 21 septembre 1705, il prit possession du siége d'Avignon par procureur le 25 du même mois et en personne le 6 mai 1706 seulement.

Ce prélat convoqua un concile provincial, qui s'ouvrit le 28 octobre 1725; ses suffragants de Carpentras, Cavaillon et Vaison y assistèrent. Les règlements qui y furent adoptés ont régi la province jusqu'à ce jour.

Il a occupé à plusieurs reprises et par intérim le poste de vice-légat, une première fois en 1706, du 8 août au 4 novembre, puis de 1717 à 1719, et enfin du 7 mars au 11 septembre 1731.

Sous son épiscopat, une bulle du pape Benoît XIII accorda la noblesse héréditaire à la charge de primicier de l'université d'Avignon.

Guarnaci donne ses armes *d'azur à trois bandes d'argent.*
Le manuscrit Massillian : *D'argent à trois bandes d'azur.*
Au milieu de ces divergences. le sceau que je cite plus haut lève pour moi tous les doutes. — Voir pour cette noble famille ce qu'en dit Fisquet dans sa *France pontificale,* au diocèse d'Embrun. p. 932.

Il mourut en 1742 et fut inhumé dans sa métropole.

PORTE : *D'azur à trois étoiles d'or posées en bande est accompagnée* (1) *de deux cotices du même.*

JOSEPH GUYON DE CROCHANS

XXII° ARCHEVÊQUE

1742 — 1756

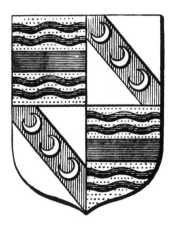

Né à Avignon vers 1673, il était fils de Henri Guyon, doyen de la Rote d'Avignon et de N.... de Marcel, dame de Crochans, par laquelle le nom, les armes et la seigneurie de Crochans sont passés dans la maison de Guyon (2).

Assistant au trône pontifical, abbé titulaire de Notre-Dame de Roccomodor en Sicile, évêque de Cavaillon depuis 1709, il fut

1. Manuscrit Massillian.—Son sceau est au musée Calvet.—Manuscrit Correnson.— Ses armes se trouvent enfin gravées en vignette en tête des procès-verbaux de son synode de 1712, et en tête de ceux du concile qu'il présida à Avignon en 1725.

Je les trouve également sur un brevet de chevalier de l'ordre de l'Éperon d'or délivré par cet archevêque, qui existe aux manuscrits de la bibliothèque de Marseille.

2. PITHON-CURT, t. III, p. 243. — Cette famille est originaire du Valentinois; notre archevêque appartient à une de ses branches dont le chef Sébastien de Guyon vivait en 1420. (GUY-ALLARD.)

transféré à l'archevêché d'Avignon le 2 juin 1742 et y fit son entrée solennelle le 17 décembre suivant.

Il est le premier archevêque avignonais qui ait administré le diocèse.

Sous son épiscopat vivait à Avignon Ráymond de Veras, chanoine de Saint-Pierre, auquel on doit un recueil de toutes les inscriptions des monuments religieux d'Avignon. Cette précieuse collection manuscrite fait aujourd'hui partie de la bibliothèque du musée Calvet.

Joseph de Guyon mourut le 23 septembre 1756 et fut inhumé dans son église métropolitaine.

PORTE : *Ecartelé au 1ᵉʳ et au 4ᵐᵉ d'or à la fasce d'azur accompagnée en chef comme en pointe de deux burelles ondées de même* qui est de Guyon; *au 2ᵐᵉ et au 3ᵐᵉ d'argent à la bande de gueules chargée de trois croissants d'argent* qui est de Marce (1).

---

1. Pithon-Curt. — Le manuscrit Massillian et Guy-Allard donnent les 1 et 4 d'argent et les burelles de gueules.

FRANÇOIS MANZI

XXIIIᵉ ARCHEVÊQUE

1756 — 1774

Né à Longiano, district de Césène, le 6 novembre 1694, d'une famille patricienne.

Ce prélat, sur la famille et les antécédents duquel je suis privé de renseignements, fut transféré de l'évêché de Cavaillon au siége archiépiscopal d'Avignon au mois de décembre 1756.

Il exerça, à deux reprises pendant son épiscopat, les fonctions de vice-légat, une première fois en 1760 pendant quelques mois, puis de 1766 à 1768.

Sous son administration, le 1ᵉʳ juin 1768, Avignon fut occupé par les troupes françaises sous le commandement du marquis de Rochechouart, par suite du refus qu'avait fait Clément XIII au roi de France d'expulser les jésuites.

Clément XIV, son successeur, ayant consenti à cette expulsion par sa bulle du 21 juillet 1773, les Français évacuèrent Avignon l'année suivante.

Il mourut le 6 novembre 1774, jour anniversaire de sa naissance, en accomplissant sa quatre-vingtième année, et fut inhumé dans sa métropole.

PORTE : *Écartelée au 1ᵉʳ et au 4ᵐᵉ d'argent à la bande d'azur, chargée d'une étoile à six rais d'argent ; au 2ᵐᵉ et au 3ᵐᵉ de gueules à la vache passante d'or (la patte droite levée); sur le tout d'azur au château de trois tours d'argent celle du milieu plus haute* (1).

CHARLES-VINCENT GIOVIO

XXIVᵉ ARCHEVÊQUE

1774 — 1790

Il appartenait à une noble famille de Césène et naquit dans cette ville en 1729.

Promu en 1774 à l'archevêché d'Avignon, il fut sacré le 8 octobre 1775 et gouverna son Église jusqu'en 1790. Chassé à cette époque par la Révolution, il se retira à Villeneuve et se rendit de là à Rome, pour rendre compte au souverain pontife de l'état des choses dans le Comtat.

Déclaré déchu de ses fonctions par la municipalité, on nomma, le 26 février 1791, un vicaire général assermenté pour administrer le diocèse.

---

1. Manuscrit Massillian. — Son sceau est au musée Calvet.

Giovio mourut à Césène, sa patrie, le 12 octobre 1793 (1).

PORTE : *D'or, coupé d'un simple trait ; chargé en chef, d'une tour de gueules, à quatre crénaeux, ouverte, ajourée et maçonnée de sable, en pointe et d'un écu circulaire crénelé d'argent et bordé de gueules chargé d'une tour de gueules semblable à celle du chef mais plus petite* (2).

---

1. En 1797, d'après Nouguier. — M. le chevalier de Crollalanza m'affirme, après de nombreuses recherches, que les *Giovio* ne sont pas une famille de Césène et me transmet les renseignements suivants pour guider les recherches : « Pompée Litta, dans ses *Familles célèbres d'Italie*, donne l'arbre généalogique des *Giovio* de Côme, dans lequel figure un Charles, chanoine de San Fedele, fils de Paul mort vers 1760 et de *Josephine Auregi*. Ce Charles eut aussi un frère du nom de François, également chanoine, mort en 1803. J'ai aussi consulté la généalogie de la même famille par le savant Louis Passerini sans y trouver votre archevêque, d'où je conclus qu'il n'appartient pas plus à la famille de Côme qu'à celle de Césène. Reste maintenant à supposer qu'il descend des *Giovio* de *Citta di Castello*, ce que je tâcherai d'éclaircir. Le blason des *Giovio*, de Côme, est *écartelé aux* 1 *et* 4 *d'azur chargé d'un château au naturel posé sur une onde de même ; aux* 2 *et* 3 *d'or à trois tourteaux de gueules; au chef aussi d'or chargé d'une aigle éployée de sable.* Le château qui se trouve dans les armes de votre archevêque me porterait à supposer que Mgr Giovio a appartenu à un rameau des Giovio de Côme détaché de la branche principale et établi ailleurs, et ce pourrait probablement être celui de *Citta di Castello*. »

2. Manuscrit Massillian.

PÉRIODE RÉVOLUTIONNAIRE
1791 — 1802

ÉVÊQUES CONSTITUTIONNELS

FRANÇOIS-REGIS ROVÈRE
PREMIER ÉVÈQUE
1793 — 1794

Né à Bonnieux, près Apt, en 1756, François-Régis Rovère était frère du représentant de ce nom. Prêtre, docteur en théologie, grand vicaire de l'évêque d'Apt *de Cely*, il adopta à la révolution les principes de la constitution civile du clergé, et demeura pendant quelque temps comme vicaire épiscopal auprès de l'évêque constitutionnel du Gard. Élu lui-même évêque d'Avignon par les électeurs délégués des assemblées primaires à l'Isle le 19 août 1793, il se fit sacrer évêque constitutionnel en octobre suivant dans l'église des Carmes d'Avignon.

Il abdiqua ses fonctions le 26 pluviôse an II (14 février 1794) et obtint après son abdication, par l'influence de son frère, le consulat de France à Livourne.

Revenu en France en 1801, il se retira à Bonnieux, sa patrie, et y mourut en 1820 dans un état complet de démence (1).

Artefeuil, dans son *Histoire héroïque et universelle de la noblesse de Provence*, rattache ce personnage à l'antique famille de la Rovère, qui a donné à l'Église deux papes et entre autres le célèbre

---

1. BARJAVEL. *Bio-bibl. vauclusienne.* — M. l'abbé Moutonnet, dans sa notice sur l'église de Saint-Agricol, p. 38, fait mourir ce personnage dans les déserts de Sinnamary (Amérique), où il se serait refugié, chassé par la proscription ; c'est une erreur : il le confond sur ce point avec son frère le représentant.

Jules II (Julien de la Rovère), qui, antérieurement à son élévation au souverain pontificat, avait été le premier archevêque d'Avignon. Cette opinion est très-controversée et avec juste raison ; elle donne lieu dans tous les cas à ce singulier rapprochement de retrouver à près de trois siècles d'intervalle deux personnages du même nom occupant le même siége dans des conditions si opposées (1).

FRANÇOIS ETIENNE
IIe ÉVÊQUE
1798

Né à Orange, religieux trinitaire à Avignon, ci-devant vicaire du diocèse du Gard, il fut élu en 1798 par l'assemblée représentative de Bédarrides, composée d'un petit nombre de séditieux. Il n'a jamais exercé ses fonctions.

A l'époque du concordat, Etienne rentra dans le giron de l'Église et se retira dans sa ville natale ; il en fut nommé curé avec le titre d'évêque-doyen, qui lui donnait droit à une pension viagère de quatre mille francs.

D'après le concordat de 1801, le siége d'Avignon fut supprimé comme archevêché, et devint simple évêché suffragant du métropolitain d'Aix.

Il n'a été occupé que par un seul évêque.

---

1. L'époque ne comportait pas de blasons. Je ne connais qu'un seul fait de blason épiscopo-républicain ; il est trop ingénieux pour que je résiste au désir de le mentionner. C'est celui du malheureux curé d'Eyragues, *Benoît Roux*, évêque constitution. nel des Bouches-du-Rhône, qui s'était donné pour armes :

De pourpre à la croix latine alaisée de sable accostée des lettres B. R. du même ; au chef parti de deux traits au premier d'azur, au deuxième d'argent, au troisième de gueules qui sont les couleurs nationales.

JEAN-FRANÇOIS PERIER

ÉVÊQUE APRÈS LE CONCORDAT DE 1801

1802 — 1821

Né à Grenoble le 16 juin 1740, il était fils d'un modeste épicier de cette ville et nullement parent du ministre Casimir Périer ; n'en déplaise à tous les auteurs modernes qui ont parlé de lui, ils appartenaient à deux familles tout à fait distinctes, quoique du même nom (1).

Jean-François entra chez les Oratoriens, devint supérieur de l'école militaire d'Effiat, dirigée par cette congrégation, puis curé de Saint-Paris d'Étampes. C'est là que le trouva la révolution ; il fut nommé par le bailliage d'Étampes député aux états-généraux ;

---

1. Jean-François Perier, évêque d'Avignon, n'était pas parent de Casimir Périer. Ce dernier était fils de Claude Périer, négociant de Grenoble aussi, mais d'une autre famille. L'évêque était fils d'un épicier, m'ont dit les contemporains, qui demeurait rue du Pont-de-Bois. C'est tout ce que j'ai pu savoir de son origine aussi peu illustre que celle de l'ancien ministre, et ni l'une ni l'autre de ces deux familles n'avait d'armoiries héréditaires.

M. Eugène Chaper, de Grenoble, qui a bien voulu me donner les renseignements que j'ai sur notre évêque, se trouve être deux fois le petit-fils de Claude Périer, père de Casimir, ayant épousé sa cousine germaine ; et lui-même les tenait de son grand-père, qui avait connu dans sa jeunesse Jean-François et sa famille.

il prêta en 1791 le serment civique et fut nommé évêque constitutionnel du Puy-de-Dôme.

Il se démit de son évêché en 1801, lors du concordat, et fut transféré à celui d'Avignon par arrêté du premier consul du 19 germinal an X. L'institution canonique lui fut donnée par une bulle du 30 avril, et son installation eut lieu le 10 messidor suivant (29 juin 1802), dans l'église de Saint-Agricol qui devint sa cathédrale (1).

Assez mal vu de son clergé à cause de ses antécédents et de ses sympathies bien avouées pour le gouvernement impérial sous la Restauration, il donna sa démission en 1819, à la suite d'une réception fort dure que lui fit le duc d'Angoulême de passage à Avignon, mais il n'en continua pas moins d'administrer le diocèse jusqu'en 1821.

Il mourut le 30 mars 1824 et fut inhumé dans le petit cimetière du Rocher de Notre-Dame-des-Doms; puis, lors de la destruction de ce cimetière, ses restes furent transférés dans la métropole et placés dans le caveau destiné à la sépulture des archevêques. Il était âgé, à l'époque de sa mort, de quatre-vingt-trois ans et neuf mois et avait le titre de chanoine-évêque de Saint-Denis.

L'épitaphe suivante, dont on le dit l'auteur, fut placée sur sa tombe :

HIC JACET

JOHANNES FRANCISCUS PERIER

GRATIANOPOLITANUS,

PRIMUM

ORATORII GALLICANI

SACERDOS,

DEINDE EPISCOPUS.

OBIIT UT VIXERAT

VERI

SCRUTATOR PERPETUUS,

---

1. Voir pour les détails de la cérémonie de son installation la *Notice historique sur l'église de Saint-Agricol* de M. l'abbé Moutonnet.

CONTENTIONUM OSOR,

PURÆ ET IMMACULATÆ

RELIGIONIS,

SINCERÆ PIETATIS,

INCLYTÆ PACIS

CONSTANS AMATOR

NNAOMDCCCXXIV DIE 30 MARTII.

PORTE : *D'or, au serpent vivré de sinople; parti d'azur à la colombe d'argent reposant et posée en bande; au franc-quartier des barons-évêques* (1).

Le concordat de 1817 rendit à Avignon son ancien titre de métropole; il ne reçut son exécution pour notre ville qu'en 1821. On donna pour suffragants à ce siége les évêchés de Viviers, Valence, Nîmes et Montpellier.

Par ordonnance du 8 août 1817, Louis XVIII avait nommé Jean-Baptiste Scipion de Ruffo-Bonneval (2), ancien évêque de Senez, à l'archevêché d'Avignon, en vertu du concordat qui venait d'être conclu avec le saint-siége, et ce ne fut qu'au refus du modeste vieillard, qui prétexta son grand âge (soixante-dix ans), que les choses restèrent en l'état jusqu'en 1821, époque à laquelle le choix du roi se porta sur Mgr l'évêque de Mende.

1. *Comptes rendus de la Société de numismatique et d'archéologie*, t. II, p. 22. Contre l'usage Mgr Périer n'a jamais placé ses armes sur les mandements ou autres pièces émanant de son évêché. Tous ces documents portent comme en-tête un simple écusson ovale dans lequel sont inscrits les mots : *Fides catholica, apostolica et romana*, en quatre ou cinq lignes.

Lorsque Napoléon constitua la noblesse de l'empire par son décret du 16 août 1806, il attribua aux fonctions publiques d'un ordre élevé des titres et des signes héraldiques particuliers. Dans l'ordre ecclésiastique le titre de *comte* appartenait aux archevêques et celui de *baron* aux évêques, et la distinction héraldique des premiers était *un franc quartier à dextre de l'écu d'azur à la croix patée d'or;* pour les seconds le franc quartier était à senestre et *de gueules à la croix alaisée d'or.*

2. Mgr de Ruffo-Bonneval portait : *d'argent, à trois pals de gueule, à bande d'azur chargée de trois besants d'or brochant sur le tout.*

ETIENNE-MARTIN MOREL DE MONS

VINGT-CINQUIÈME ARCHEVÊQUE

1821 — 1830

Né à Aix le 18 avril 1752, il appartenait à l'ancienne noblesse de Provence (1).

Précédemment aumônier de Napoléon Ier et nommé évêque de Mende le 21 avril 1805, il fut transféré à l'archevêché d'Avignon dont il prit possession le 21 novembre 1821.

On lui doit d'avoir rendu au culte l'antique église de Notre-Dame-des-Doms, qu'il érigea en métropole, comme elle l'était avant la révolution.

Il fut créé pair de France en 1827.

A la révolution de juillet 1830, il prit la fuite et se retira à Nice, d'où il revint peu après, lorsqu'il eut vu le peu de fondement des frayeurs qui lui avaient inspiré cette résolution; mais la commotion avait été violente, et il en mourut le 4 octobre de la même année.

---

1. Le nom et la seigneurie de *Mons* lui appartenaient du chef de son aïeule *Marguerite de Villeneuve, fille de Gaspard, seigneur de Mons*, conseiller à la cour d'Aix, qui épousa le 16 septembre 1647 *André de Morel, seigneur de Chafaud*, conseiller en la même cour. Entre autres enfants ils eurent *Joseph*, mort évêque de *Saint-Paul-Trois-Châteaux* en 1717. (Artefeuil.)

Comme ses prédécesseurs, il a été inhumé dans le caveau de sa métropole, réservé à la sépulture des archevêques.

PORTE : *D'or, au cheval effaré de sable ; au chef d'azur chargé de trois étoiles d'or* (1).

LOUIS-JOSEPH D'HUMIÈRES
XXVIe ARCHEVÊQUE
1831 — 1834

Né à Aurillac le 8 septembre 1753.

Ancien recteur de l'université de Limoges, chanoine et vicaire général honoraire du diocèse de Valence, il fut nommé à l'archevêché d'Avignon le 28 septembre 1831, et prit possession du siége, sans être sacré, le 28 avril 1832.

Le clergé français ayant, par hostilité envers le gouvernement de Juillet, refusé de prêter son ministère, un rescrit du souverain pontife du 31 juillet 1832 autorisa tout évêque, assisté de deux

---

1. Artefeuil — Robert de Briançon. — Ses Mandements. — C'est à tort que l'abbé Migne (*Dict. hérald.*) blasonne ses armes : *D'or au cheval effaré d'argent ; au chef d'azur chargé de trois mollettes d'éperon d'or.*

prêtres, à procéder à son sacre, qui eut lieu à Notre-Dame-des-Doms. Ce fut l'évêque de Carthagène, Espagnol exilé, qui officia à la cérémonie du sacre conformément au rescrit de Sa Sainteté.

Ce prélat, âgé de soixante-dix-huit ans au moment de sa nomination, mourut dans son palais archiépiscopal le 21 septembre 1834, et fut inhumé dans sa métropole.

PORTE : *Écartelé aux 1 et 4 d'or au chêne de sinople, au lévrier passant la patte dextre levée d'argent et accolé de gueules, brochant sur le fût de l'arbre ; aux 2 et 3 d'argent à trois bandes de sable* (1).

JACQUES-MARIE-ANTOINE-CELESTIN DUPONT
XXVII° ARCHEVÊQUE
1835 — 1842

Né à Inglesias (comté de Nice) le 1ᵉʳ février 1792 ; il fut sacré évêque de Samosate *in partibus* le 29 juin 1824 et promu à l'évêché de Saint-Dié le 9 mai 1830. Il avait été antérieurement secrétaire conclaviste du cardinal de la Fare.

---

1. En-tête de ses mandements.

Transféré à l'archevêché d'Avignon, le 24 juillet 1835, il y fut installé le 21 septembre de la même année.

On lui doit d'avoir fait restaurer et peindre à ses frais par Eugène Déveria la chapelle du Saint-Sacrement, dans la métropole de Notre-Dame-des-Doms. C'est dans cette chapelle que se trouve le caveau destiné à la sépulture des archevêques.

On lui doit également le retour à l'usage du manteau de chœur rouge, qui fut repris par son chapitre le 2 février 1836.

Il quitta le siége d'Avignon le 7 février 1842, pour aller prendre possession de celui de Bourges, auquel il avait été promu le 24 janvier précédent.

Il fut élevé à la dignité de cardinal en 1847 et mourut le 26 mai 1859, âgé de soixante-sept ans.

PORTE : *D'azur au pont de trois arches d'or crénelé et maçonné de sable sur une onde d'argent et de sinople* (1).

DEVISE : *Ante ruet quam nostra fides.*

---

1. Elles sont ainsi blasonnées à la voûte de la chapelle du Saint-Sacrement et peintes par Eugène Devéria. Les vignettes de ses mandements indiquent le pont d'argent.

PAUL NAUDO

XXVIIIe ARCHEVÊQUE

1842 — 1848

Né aux Angles, diocèse de Perpignan, le 22 octobre 1794, d
François Naudo et de Anne Basso, il tenait par ses ancêtres
la Grandesse d'Espagne; son bisaïeul était duc de Vène. Cett
famille, de mœurs patriarcales et d'une grande honorabilité, avai
fait abandon de ses titres à l'époque de la révolution française, et
la tourmente passée, elle avait jugé inutile de les reprendre, mu
par un sentiment de modestie bien rare de nos jours (1).

Professeur de philosophie, puis de théologie au grand séminair
de Carcassonne, l'abbé Naudo devint ensuite supérieur de celui d
Perpignan. En 1829 il fut nommé chanoine titulaire de la cathédral
de cette ville, après en avoir été pendant plusieurs années chanoin

---

1. Je dois mes renseignements sur ce prélat à l'obligeance de M. Naudo, son frè
cadet, qui a été son secrétaire particulier et est encore actuellement chanoine de l
métropole d'Avignon.

Quant aux particularités que sa modestie l'a empêché de me signaler, je les ai pu
sées dans l'oraison funèbre de notre archevèque, qui fut prononcée, le 7 juin 184
dans la métropole, et imprimée à Avignon chez Seguin aîné, 1848.

honoraire. Il était vicaire général de la même Eglise depuis 1831, lorsqu'il fut promu à l'évêché de Nevers le 22 juin 1834, préconisé le 20 septembre et sacré le 9 novembre suivant.

Son administration du diocèse de Nevers à une époque de troubles a laissé au milieu des populations de ce département un grand souvenir, dont on retrouve les traces dans tous les journaux du pays de cette époque, et aussi dans les procès-verbaux des délibérations du conseil général, qui n'a cessé de lui voter des remercîments à chacune de ses sessions de 1835 à 1842.

Il fut transféré à l'archevêché d'Avignon le 15 juin 1842, préconisé le 22 juillet et installé le 31 août. Son entrée solennelle eut lieu le 11 octobre de la même année.

Dans ce poste, sa conduite, marquée au coin d'une rare énergie lors de la fameuse affaire des religieuses de Saint-Joseph, dont tous les journaux du temps ont parlé, lui fit le plus grand honneur et lui valut une lettre de félicitation du pape Grégoire XVI.

Il mourut le 23 avril 1848, jour de Pâques, frappé d'une attaque d'apoplexie foudroyante à l'autel, immédiatement après les dernières ablutions.

Sa dépouille fut déposée, comme celles de ses prédécesseurs, dans le caveau de la métropole destiné à la sépulture des archevêques, et l'épitaphe suivante gravée sur son cercueil :

D. O. M.

HIC RESURRECTIONEM EXPECTAT

ILLUSTRISS. ET REVERENDISS. IN CHRISTO PATER,

PAULUS NAUDO,

AVENIONENSIS ARCHIEPISCOPUS, DOMO RUSCINONENSIS

VIX TRIGESIMUM ANNUM AGENS SEMINARIO SUÆ DIŒCESIS PRÆPOSITUS,

EPISCOPUS PRIMUM NIVERNI, POSTEA AD HANCCE SEDEM TRANSLATUS,

DOCTRINA, PIETATE CÆTERISQUE VIRTUTIBUS CLARUS.

DIE SANCTO PASCHÆ, XXII MENS. APRIL. ANN. M. DCCC. XLVIII.

SACRA SOLEMNITER PERAGENS,

POST SUMPTAM, QUASI IN VIATICUM, PROPRIIS MANIBUS COMMUNIONEM,

VELUT FULMINE TACTUS, EXANIMIS CECIDIT,

OMNI POPULO CIRCUMSTANTE ATTONITO ET LUGENTE;

VIXIT ANN. LIII MENS. VI.

BEATI MORTUI QUI IN DOMINO MORIUNTUR.

R. I. P.

PORTE : *D'azur, à une ancre d'argent ; au chef cousu de gueules chargé de trois croix pattées et arrondies d'argent* (1).

DEVISE : *In te, Domine, speravi.*

JEAN-MARIE-MATHIAS DEBELAY

XXIXᵉ ARCHEVÊQUE

1849 — 1868

Né à Viriat (Ain) le 24 février 1800.

Principal du collége, puis curé à Nantua, il fut sacré évêque de Troyes le 10 mars 1844 et installé le 28 du même mois.

Transféré à l'archevêché d'Avignon le 15 octobre 1848,

---

1. En-tête de ses mandements.

il y était préconisé le 11 décembre de la même année, et installé le 7 février suivant; son entrée solennelle s'effectua le 27 du même mois.

Créé comte romain et assistant au trône pontifical par un bref de Pie IX du 29 novembre 1854, il fut nommé chevalier de la Légion d'honneur le 25 septembre 1852, officier du même ordre le 31 décembre 1855, et enfin grand-officier de l'ordre des Saints Maurice et Lazare par brevet du 13 janvier 1856.

Le fait saillant de son épiscopat est la réunion d'un concile provincial dans l'église métropolitaine de Notre-Dame-des-Doms le 8 décembre 1849. A la séance d'ouverture assistèrent, outre les quatre évêques suffragants, l'abbé de la Trappe d'Aiguebelle, Mgr Donnet, cardinal archevêque de Bordeaux, l'archevêque coadjuteur de Toulouse et l'évêque d'Ajaccio.

Mort à Avignon le 27 septembre 1868, on l'inhuma dans le caveau destiné à la sépulture des archevêques.

PORTE : *D'azur à la gerbe d'or* (1).
DEVISE : *Posui vos ut eatis et fructum afferatis.*

---

1. En-tête de ses mandements.

LOUIS-ANNE DUBREIL

XXXᵉ ARCHEVÊQUE

1863 —

Né à Toulouse le 18 juin 1808.

Ancien supérieur du petit séminaire de Saint-Pons (Hérault), il fut sacré évêque de Vannes le 8 septembre 1861 et transféré au siége archiépiscopal d'Avignon le 23 octobre 1863 ; préconisé le 21 décembre suivant, et installé le 29 février 1864, il fit son entrée solennelle dans sa métropole le 17 mars.

Ce prélat, actuellement en exercice, est comte romain, assistant au trône pontifical et officier de la Légion d'honneur.

Il jouit d'une réputation littéraire méritée, et a été quatre fois lauréat des jeux floraux de sa ville natale.

PORTE : *Tranché d'or à une branche de laurier de sinople et d'azur à une croix treflée d'or.*

DEVISE : *Pax in virtute.*

AD MVLTOS ANNOS !

CATALOGUE CHRONOLOGIQUE

DES

ÉVÊQUES ET ARCHEVÊQUES D'AVIGNON

ÉVÊQUES

DOM POLYCARPE DE LA RIVIÈRE — Annales christianissimæ Ecclesiæ et coronæ Franc. Prov. Avenionens. Pontific. in Gallia ditionis.	AN. D.	AN. D.	FRANÇ. NOUGUIER — Histoire chronologique de l'Église Évesques et archevesques d'Avignon	D. DENYS DE SAINTE-MARTHE — Gallia christiana 1715 Episc. et archiep. Avenionenses.	AN. D.	AN. D.	FORNERY — Histoire manuscrite du comté Venaissin.
		70	I Sanctus Rufus	I S. Rufus	00		
I S. Rufus, qui fuit primus Avenionensium episcoporum.	75	90	II S. Justus				I S. Ruf vers l'an 90
				II S. Justus	00	90	
II S. Carus	96					96	II S. Carus vers 96
III S. Justus	107					110	III S. Juste vers 110
IV S. Igilius vel Vigilius	134					134	IV S. Igilius ou Vigilius
V N......	175						V NN......
VI Ebulus	202					200	VI Ebulus ou Eubulus
VII Joannes	219					219	VII Jean Ier
VIII Asterius	230					230	VIII Asterius ou Æterius
IX Secundinus	257					257	IX Secundinus
X S. Amatius, Amantius vel Amatus	264					264	X S. Amat ou Amantius martyrisé dans l'irruption de Crocus vers 270

DOM POLYCARPE DE LA RIVIÈRE — Annales christianissimæ Ecclesiæ et coronæ Franc. Prov. Avenionens. Pontif. in Gallia ditionis.	AN. D.	AN. D.	FRANÇ. NOUGUIER — Histoire chronoiogique de l'Église Évesques et archevésques d'Avignon	D. DENYS DE SAINTE-MARTHE — Gallia christiana 1715 Episc. et archiep. Avenionenses	AN. D.	AN. D.	FORNERY — Histoire manuscrite du comté Venaissin
Interpontificium primum sanctæ Avenionensis Ecclesiæ.	ab 267 ad 281						
XI Cædicius	281			III S. Amantius	avant 281	284	XI Cædicius
XII Primus	298					297	XII Primus
XIII Frontinus	308					313	XIII Frontinus
XIV Aventius	324					324	XIV Aventius. *Il fit achever sa cathédrale dont il célébra la dédicace le 15 août 327*
XV Regilius vel Reginius	329						XV Regilius
XVI Metianus	346	avant 356	III Metianus	IV Metianus	356	346	XVI Metianus
XVII Antistius	363					362	XVII Antistius
XVIII Justus II	372					372	XVIII Juste II
XIX Stephanus	390					390	XIX Etienne
XX N.....	404						XX NN....
Sanctæ Avenionensis Ecclesiæ interpontificium secundum.							
XXI Johannes II	414					414	XXI Jean II
XXII Debo vel Bebo	429			V Debo	433	429	XXII Debo ou Bebo
XXIII Julius	437					437	XXIII Julius
XXIV S. Maximus	449		IV Maxime 1er	VI Maximus	451	449	XXIV Maxime
XXV S. Donatus	455	451				455	XXV Donat
XXVI S. Saturninus	464						

DOM POLYCARPE DE LA RIVIÈRE — Annales christianissimæ Ecclesiæ et coronæ Franc Prov. Avenionens. Pontific. in Gallia ditionis	AN. D.	AN. D.	FRANÇ. NOUGUIER — Histoire chronologique de l'Eglise, Evesques et archevésques d Avignon	D. DENYS DE SAINTE-MARTHE — Gallia christiana 1715 Episc. et archiep. Avenionenses	AN. D.	AN. D.	FORNERY — Histoire manuscrite du comté Venaissin
Interpontificium tertium sanctissimæ sedis Aven. ab anno 474		465	**V** Saturninus **VI** S. Donatus , *sans savoir s'il a été évêque, ni quand.*	**VII** Saturnus *vel* Saturninus **VIII** Julianus	•465	465	**XXVI** Saturnin **XXVII** Elothère ou Eleuthère
XXVII Elotherus *vel* Eleutherius 475					475	475	
XXVIII Julianus 498		506	**VII** Julianus Ier			506	**XXVIII** Julien
XXIX Salutaris 516		517	**VIII** Salutaire, *à qui succéda*.			517	**XXIX** Salutaire
XXX Eucherius 523				**IX** Eucherius	524	524	**XXX** Eucher
XXXI Ermenius 527				**X** Antoninus	541	527	**XXXI** Ermenius
XXXII Antoninus 548		549	**IX** Antoine *ou* Antonin			548	**XXXII** Antonius *ou* Antoninus
XXXIII Johannes III 564		585	**X** Johannes I	**XI** Johannes I	585	vers 561	**XXXIII** Jean III
XXXIV N...... 590		587	**XI** Valens	**XII** S. Valens	587	vers 588	**XXXIV** Valens
XXXV Dynamius 605				**XIII** Dynamius	605	605	**XXXV** Dynamius
XXXVI O..... 628		627	**XII** S. Maximus II	**XIV** S. Maximus	613	628	**XXXVI** O.. ...
XXXVII R...... 639		630	**XIII** Frater Emundus	**XV** Emundus		639	**XXXVII** Emundus
XXXVIII S. Magnus 654		646	**XIV** S. Magnus	**XVI** S. Magnus	644	644	**XXXVIII** S. Magnus
XXXIX S. Agricolus *vel* Agricola 666		660	**XV** S. Agricolus	**XVII** S. Agricolus	660	660	**XXXIX** S. Agricol
XL S. Veredemus *vel* Veredemius 700		700	**XVI** S. Veredemius	**XVIII** S. Veredemus	700	700	**XL** S. Veredeme
		720	**XVII** Johannes II (*les Sarrazins à Avignon*);	**XIX** Johannes II (*les Sarrazins à Avignon*)	720		

DOM POLYCARPE DE LA RIVIÈRE — *Annales christianissimæ Ecclesiæ et coronæ Franc. Prov. Avenionens. Pontific. in Gallia ditionis*	AN. D.	AN. D.	FRANÇ. NOUGUIER — *Histoire chronologique de l'Église Evesques et archevésques d'Avignon*	D. DENYS DE SAINTE-MARTHE — *Gallia christiana 1715 Episc. et archiep. Avenionenses*	AN. D.	AN. D.	FORNERY — *Histoire manuscrite du comté Venaissin*
XLI Domnus	722					722	**XLI** Jean IV
XLII N.....	743						
XLIII Alfencus *vel* Adelfencus	757						
		760	**XVIII** Alphonsus	**XX** Alfonsus	760	760	**XLII** Alfonse
				XXI Josephus	765	765	**XLIII** Joseph Ier
		766	**XIX** Josephus				
XLIV Joseph	768						
XLV Johannes IV	792						
XLVI Agemundus	792	795	**XX** Amicus	**XXII** Humbertus *vel* Himbertus	795	794	**XLIV** Agemundus
XLVII Wilingus *vel* Vilingus	816	796	**XXI** Humbertus	.		812	**XLV** Humbert
		822	**XXII** Remigius			820	**XLVI** Wilingus
XLVIII Remigius	823			**XXIII** Ragenutius. *(Entre le précédent évêque et ce dernier Nouguier et autres placent à tort Rémy et Foulques, attribuant à Louis le Débonnaire les priviléges accordés par Louis, fils de Bozon.)*		823	**XLVII** Remigius
XLIX Fulcherius	834	835	**XXIII** Fulcherius			835	**XLVIII** Foulque Ier
L Ragenutius	852		**XXIV** Ragenutius			853	**XLIX** Ragenutius
LI Hildvinus *vel* Halvinus *vel* Hadoinus.	859	854			855		
		861	**XXV** Aldvinus	**XXIV** Hilduinus *vel* Alduinus	860	860	**L** Hilduin
		868	**XXVI** Ratfredus	**XXV** Ratfredus *vel* Ratfridus	875		**LI** Ratfride
LII Ratfredus Ratifredus *vel* Ractefredus.	878			D. Polycarpus inducit Haymonem nullis certis argumentis.		877	
LIII Haymo	893			**XXVI** Remigius	898	893	**LII** Remi II

DOM POLYCARPE DE LA RIVIÈRE *Annales christianissimæ Ecclesiæ et coronæ Franc. Prov. Avenionens. Pontific. in Gallia ditionis*	AN. D.	AN. D.	FRANÇ. NOUGUIER *Histoire chronologique de l'Eglise Evesques et archevesques d'Avignon*	D. DENYS DE SAINTE-MARTHE *Gallia christiana* 1715 *Episc. et archiep. Avenionenses*	AN. D.	AN. D.	FORNERY *Histoire manuscrite du comté Venaissin*
LIV Florentius	916	911	XXVII Fulcherius	XXVII Fulcherius	910	911	LIII Foulques II
LV Rangefridus	939			XXVIII Florentius	919		
				XXIX Rangefridus	944	944	LIV Rangefrid
LVI Petrus I	955			XXX Landricus	955	955	LV Landricus
LVII Landricus	959						
LVIII Warnerius	978	976	XXVIII Wernerius	XXXI Vernerius	976		
LIX Rostagnus I	995					979	LVI Vernerius
LX Helbertus I	1001	996	XXIX Landericus				
-		1002	XXX Petrus I	XXXII Petrus I	1002	1002	LVII Pierre Ier
LXI Petrus II	1018	1005	XXXI Helbertus *vel* Aldebertus	XXXIII Hildebertus *vel* Eldebertus	1006	1006	LVIII Heldebert
LXII Heldebertus II	1021			XXXIV Senioretus	1035	1036	LIX Senioretus
LXIII Benedictus	1037	1037	XXXII Senioretus				
LXIV Rostagnus II	1041	1038	XXXIII Benedictus I	XXXV Benedictus	1038	1038	LX Benoit Ier
LXV Langerius I	1075	1050	XXXIV Rostagnus I	XXXVI Rostagnus I	1040	1040	LXI Rostain I
LXVI Arbertus I	1084	1080	XXXV Albertus	XXXVII Albertus	1081	1079	LXII Albert *ou* Arbert
LXVII Arbertus II *vel* Aripertus	1102			XXXVIII Arbertus *vel* Aripetrus	1096	1094	LXIII Gibelin *administre l'Eglise d'Avignon*
		1104	XXXVI Aribertus				
LXVIII Langerius II	1123	1110	XXXVII Rostagnus II	XXXIX Langerius *vel* Lesdegarius	1124	1096	LXIV Aribert *ou* Albert
LXIX Leodegarius	1137	1126	XXXVIII Langerius			124	LXV Laugier

DOM POLYCARPE DE LA RIVIÈRE Annales christianissimæ Ecclesiæ et coronæ Franc Prov. Avenionens. Pontific. in Gallia ditionis.	AN. D.	AN. D.	FRANÇ. NOUGUIER Histoire chronologique de l'Église Evesques et archevesques d'Avignon	D. DENYS DE SAINTE-MARTHE Gallia christiana 1715 Episc. et archiep. Avenionenses	AN. D.	AN. D.	FORNERY Histoire manuscrite du comté Venaissin
LXX Gaufredus alias Galfridus vel Walfridus.	1148	1150	XXXIX Walfridus vel Gauiredus	XL Gaufridus I	1143	1142	LXVI Geoffroi I
LXXI R.....	1170	1164	XL Artaldus	XLI Petrus II	1167	1167	LXVII Pierre II
				XLII Gaufridus II	1173	1173	LXVIII Geoffroy II mort ou transféré
						1173	LXIX Raymond I
LXXII Petrus II	1174	1174	XLI Raymundus	XLIII Pontius	1174	1174	LXX Pons
		1177	XLII Pontius	XLIV Petrus II	......		
		1179	XLIII Petrus II	XLV Rostagnus II de Margueritis	......	1199	LXXI Pierre III
LXXIII Pontius	1182	1180	XLIV Rostagnus III de Margaritis			1180	LXXII Rostain II de Margaritis
LXXIV Rostagnus, cognomine de Margaritis	1184			XLVI Guillelmus de Montiliis	1207		
LXXV Guillelmus	1207	1197	XLV Rostagmus IV			1209	LXXIII Guillaume de Montiliis
LXXVI Petrus IV	1224	1209	XLVI Villelmus de Montiliis				
LXXVII Nicolaus de Corbeia	1226	1225	XLVII Fr. Petrus de Corberia	XLVII Petrus	1225	1225	LXXIV Pierre de Corbière
		1227	XLVIII Fr. Nicolas	XLVIII Nicolaus de Corbeia	1226	1226	LXXV Nicolas de Corbie
LXXVIII' Bernardus	1231	1232	XLIX Bermundus			1232	LXXVI Brémond
		1233	L Bertrandus I	XLIX Bernardus I	1233	1233	LXXVII Bertrand
		1234	LI Bernardus I			1233	LXXVIII Bernard I
		1238	LII Benedictus II	L Benedictus II	1238		
		1238	LIII Bernardus II				

DOM POLYCARPE DE LA RIVIÈRE — Annales christianissimæ Ecclesiæ et coronæ Franc. Prov. Avenionens. Pontific. in Gallia ditionis.	AN. D.	AN. D.	FRANÇ. NOUGUIER — Histoire chronologique de l'Eglise Evesques et archevesques d'Avignon	D. DENYS DE SAINTE-MARTHE — Gallia christiana 1715 Episc. et archiep. Avenionenses.	AN. D.	AN. .D	FORNERY — Histoire manuscrite du comté Venaissin.
LXXIX Zoe	1242			LI Zoën	1242	1241	LXXIX Zoen
		1250	LIV Zoen ou Zoé				
		1261	LV Stephanus I				
LXXX Bertrandus de Ucetia	1263					1261	LXXX Etienne
		1264	LVI Bertrandus II	LII Bertrand II	1264	1264	LXXXI Bertrand II
LXXXI Robertus de Ucetia	1267						
		1268	LVII Robetus I	LIII Robertus de Ucetia	1267	1266	LXXXII Robert d'Uzès
		1270	LVIII Joannes III	·		1268	LXXXIII Jean V
		1271	LIX Raymundus	LIV Raymundus I	1271	1271	LXXXIV Raymond II
		1282	LX Robertus II	LV Robert II	1272	1272	LXXXV Robert II
		1287	LXI Benedictus III	LVI Benedictus III·	1288	1283	LXXXVI Benoit II
LXXXII Andreas de Languisello	1291	1291	LXII Andreas de Languisello	LVII Andreas de Languisello	1292	1292	LXXXVII André de Languisel, de gueules à trois fasces d'argent.
		1304	LXIII Bertrandus III Aymini	LVIII Bertrandus III sortitus cognomine Aymini			
LXXXIII Bertrandus II cognomine Aymini	1305	1305	LXIV Guillelmus de Mandagoto		1300	1300	LXXXVIII Bertrand III Aymini
LXXXIV Jacobus Arnaldi de Oza, Eusa vel Ossa	1310	1310	LXV Jacobus I de Ossa	LIX Jacobus I vulgo de Ossa, sed verius de Eusa	1310	1310	LXXXIX Jacques de Ossa ou de Eusa.
LXXXV Jacobus II de Via	1316	1316	LXVI Jacobus II de Via			1312	XC Jacques de Via
LXXXVI Johannes XXII, Papa Ecclesiæ Avenion., administrationem sibi retinet geritque usque ad supremum vitæ suæ diem.	1317	1317	LXVII Arnaldus de Via	LX Jacobus II de Via	obiit 1317	1317	XCI Arnaud de Via
				LXI Arnaldus de Via	1318	1318	XCII Le pape Jean XXII administre par ses vicaires jusqu'à sa mort.
				LXII Johannes Papa minime passus est alium præter se Episcopum Aven. ab anno 1318 constituto sibi vicario gen. Galberto de Valle			

DOM POLYCARPE DE LA RIVIÈRE. *Annales christianissimæ Ecclesiæ et coronæ Franc. Prov. Avenionens. Pontific. in Gallia ditionis.*	AN. D.	AN. D.	FRANÇ. NOUGUIER *Histoire chronologique de l'Eglise Evesques et archevésquesd'Avignon.*	D. DENYS DE SAINTE-MARTHE *Gallia christiana* 1715 *Episc. et archiep. Avenionenses.*	AN. D.	AN. D.	FORNERY *Histoire manuscrite du comté Venaissin*
				ab anno constituit vic. generalem Gasbertum *Episc. Massil.*	1322		
				ab anno vic. gen. constituitur Geraldus de Campinulo	132	1334	XCIII Le pape Benoit XII *par ses vicaires*
LXXXVII Johannes V	1335	1335	LXVIII Johannes IV de Coiardan	LXIII Johannes III de Cojardan	1336	...	XCIV Jean Gojordan IV
ab anno ad annum Pontifices summi aliquot inde annos, interrupta episcoporum successione, Avenion. Ecclesiam per vicarios gen. moderati sunt.	1348 1363			LXIV Clemens Papa VI *sibi reservavit* LXV Innocentius VI *exempla secutus Clementis VI et Johannis XXII sibi retinet*	1348 1353	1349	XCV Le pape Clément VI *par ses vicaires*
LXXXVII AuglicusGrimoardi de Grisaco, *frater* Urbani V *Pont. Max.*	1363	1362	LXIX Fr. Auglicus Grimoaldi	*usque ad mortem* *Cujus vicarii generales fuerunt* Stephanus Tolosanus *et* Reginaldus.	1353 1362	1362	XCVI Le pape Innocent VI *administra par ses vicaires* Etienne de Toulouse *et* Renaud de Palencia
LXXXVIII Petrus V de Agrifolio, *ex fidissimis monumentis sic vocandus ille est, non* Petrus Girardi *nec* Petrus Grimoardi *Vacat quarto sedes Aven. ab anno ad*	1367 1370 1373	1368	LXX Petrus IV Gerardus	LXVI AuglicusGrimoardi LXVII Urbanus, V Papa, *in Ecclesia Aven. administratione usus est* Arnaldo Alberti *auxitan. archiep. et* Ph. Cabassola *Episc. Cabell.*	1362 1366	1366 1367	XCVII Auglic Grimoard XCVIII Le pape Urbain V *par* Arnaud Alberti *évêq. d*O-*simo et* Philip. de Cabassole
LXXXIX Fayditus de Agrifolio	1373	1375	LXXI Fayditus de Agrifolio	LXVIII Faiditus de Agrifolio	1375	1368	XCIX Pierre Girard V
				LXIX Petrus V Girardi	1386	1386	Faydit d'Algrefeuille, *évéque de* Rozès (sic) *transféré à l'évéché d'Avignon*
				LXX Clemens Papa VII *postea hanc Sedem in commendam dedit cuidam* Simonim de Cramana *quem revocavit*	1390	1390	CI Le pape Clément VII *tenait encore le 2 juillet l'évêché d'Avignon*
				LXXI Ægidius de Bella-	1930	1390	CII Gilles de Bella

DOM POLYCARPE DE LA RIVIÈRE — Annales christianissimæ Ecclesiæ et coronæ Franc. Prov. Avenionens. Pontific in Gallia ditionis.	AN. D.	AN. D.	FRANÇ. NOUGUIER — Histoire chronologique de l'Eglise Evesques et archevésques d'Avignon.	D. DENYS DE SAINTE-MARTHE — Gallia christiana 1715 Episc. et archiep. Avenionenses.	AN. D.	AN. D.	FORNERY — Histoire manuscrite du comté Venaissin.
				mera de eo obscure scripserunt plurique confundunt eum cum Ægidio Aycelini			mere, ev. du Puy transféré à Avignon
XC Œgidius de Bellamera	1392	1398	**LXXII** Œgidius de Bellamera				
Benedictus XIII, antipontifex vacantem Ecclesiam Avenion. occupat ab anno ad annum	1406 1409			**LXXII** Nota. — Ex tribus episc. sequentibus unum facit Cl. Robertus in sua Gallia christiana			
XCI Petrus V de Tureio	1409	1410	**LXXIII** Petrus de Tureio	Guido I du Bouchage	1411		
		1412	**LXXIV** Simond de Cramaudo				
XCII Guido de Bochagio sive de Rossilione. Quidam ex his diversis hominibus decepti, duos esse non unum putaverunt; est etiam Judex nuperus qui, inter Guidonem de Bochagio etGuidonem de Rossilione statuit quemdam Spifanium vel Spifami, sed male	1413	1413	**LXXV** Guido I de Bochagio			1416	**CIII** Gui de Bochage
		1420	**LXXVI** Guido II Spifami fut enterré dans la cathédrale, chapelle de Saint-Jean Baptiste qu'il avait réparée et où paraissent ses armes contre la muraille	**LXXIII** Guido II Spifami qui sacellum Joann. Bapt. construxit	1420	1420	**CIV** Gui Spifami II
Martinus V sibi Sedem Aven. retinuit usque ad suum obitum.				**LXXIV** Guido III de Rossilione	1423	1423	**CV** Gui de Roussillon III
Ludovicus de Frassengis fuit ejus vicarius generalis		1426	**LXXVII** Guido III de Rossilione			1431	**CVI** Le pape Martin V fit régir l'évéché par Louis de Frassengis, son vicaire général, jusqu'à la mort du dit Martin V
XCIII Marcus Condolmerius Eugenii IV nepos	1432	1432	**LXXVIII** Marcus de Condulmeriis	**LXXV** Marcus de Condulmeriis	1432		
						1431	**CVII** Marc Condemerio
XCIV Alanus de Coëtivi	1439	1438	**LXXIX** Alanus de Coëtivi			1434	**CVIII** Le pape Eugène IV fait administrer par Barthelemy de Cingulo
XCV Julianus de Ruvera ex episcopatu Carpentoractensi.....				**LXXVI** Alanus de Coëtivi	1440		**CIX** Alain de Coëtivy
						1438	

ARCHEVÊQUES

DOM POLYCARPE DE LA RIVIÈRE Annales christianissimæ Ecclesiæ et coronæ Franc. Prov. Avenionens. Pontific. in Gallia ditionis.	AN. D.	AN. D.	FRANÇ. NOUGUIER. Histoire chronologique de l'Eglise. Evesques et archevesques d'Avignon.	D. DENYS DE SAINTE-MARTHE. Gallia christiana 1715 Episc. et archiep. Avenionenses.	AN. D.	AN. D.	FARNERY. Histoire manuscrite du comté Venaissin.
XCVI — I Julianus de Rovera	1475	1474	I Julianus de Ruvera	I Julianus	147..	1474	I Jules du Rouvre
XVCII — II Antonius Flores	1504	1504	II Antonius Flores	II Antonius Flores	1504		
XCVIII — III Orlandus de Carretto	1512	1512	III Orlandus Carretius	III Orlandus	1513		
XCIX — IV Hippolitus Medicis	1530	1527	IV Hippolytus de Medicis	IV Hippolytus de Medicis	1527		
		1535	V Alexander Farnesius	V Alexander 1 Farnesius	1535		
		1552	VI Annibal Buzzetus	VI Annibal	1552		
				VII Alexander iterum			
		1566	VII Fr. Felicianus Capitonus	VIII Felicianus	1566		
		1577	VIII Georgius de Armigniaco	IX Georgius de Armaniaco	1577		
		1585	IX Dominicus Grimaldi	X Dominicus 1	1585		
		1592	X Francis. Maria Thaurusius	XI Franciscus Maria	1592		
		1598	XI Joan. Franciscus Bordinus	XII Joannes Franciscus	1598		
		1609	XII Fr. Stephanus Dulci	XIII Franciscus Stephanus	1609		
		1624	XIII Marius Philonardus	XIV Marius Philonardus	1624		
		1645	XIV Fr. Bernardus Pinellus	XV Bernardus II	1645		
		1647	XV Cœsar Argellus	XVI Cesar Argelli	1647		
		1649	XVI Fr. Dominicus de Marinis	XVII Dominicus II	1649		

D. DENYS DE SAINTE-MARTHE. — *Gallia christiana* 1715 *Episc. et archiep. Avenionenses.*	AN. D.	SUITE D'APRÈS L'AUTEUR DE L'ARMORIAL ÉVÊQUES ET ARCHEVÊQUES	AN. D.		AN. D.		AN. D.
XVIII Azo	1669	**XXIII** Joseph Guyon de Crochans	1742	UN ÉVÊQUE **XCV** Jean François Perier	1802	**XXIX** Paul Naudo	1842
XIX Hyacinthus	1673	**XXIV** François Marie de Manzi	1757	ARCHEVÊQUES		**XXX** Jean M. Mathias Debelay	1848
XX Alexander II	1686	**XXV** Charles Vincent de Giovio *mort à Rome*	1775 1793	**XXVI** Et. Martin Morel de Mons	1821	**XXXI** Louis Anne Dubreil	1863
XXI Laurentius Fliscus	1690			**XXVII** Jos. Louis d'Humières	1832		
XXII Francisc. Mauritius Gonterius	1705	RÉVOLUTION FRANÇAISE. *deux intrus* }	1794 et 1795	**XXVIII** Jacq. Ant. Célestin Dupont	1835		

TABLE

DES ÉVÊQUES ET ARCHEVÊQUES

PAR ORDRE CHRONOLOGIQUE

ECCLESIA
AVENIONENSIS
METROPOLITANA

DEUXIEME PARTIE

PAPES, LÉGATS ET VICE-LÉGATS

PAPES

Après la mort de Benoît XI, les cardinaux, réunis en conclave à Pérouse le 5 juin 1305, élurent au souverain pontificat *Bertrand de Got*, archevêque de Bordeaux.

Le nouveau pape, qui prit le nom de Clément V, manda aussitôt près de lui le sacré collége pour assister à son couronnement, avec l'arrière-pensée bien arrêtée de fixer sa résidence en France, à cause des troubles qui agitaient alors l'Italie.

Après avoir, dans ce but, parcouru pendant plus de trois ans diverses provinces du royaume, il fixa son choix sur Avignon, dont l'un de ses successeurs, Clément VI, devait acquérir la propriété quarante ans plus tard de la reine Jeanne.

Il prit possession de cette résidence à la fin de l'année 1308, et fit ainsi de notre cité la capitale du monde catholique.

Six pontifes s'y succédèrent après lui pendant soixante-huit ans environ, jusqu'au 13 septembre 1376, époque à laquelle Grégoire XI réintégra définitivement le Saint-Siége à Rome.

CLÉMENT V (BERTRAND DE GOT).

1305 — 1314

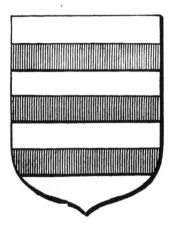

Né à Villandraut (Gironde), fils du chevalier Bertrand ou Berald de Got.

Évêque de Comminges, puis archevêque de Bordeaux.

Élu pape le 5 juin 1305, au conclave de Pérouse; couronné à Lyon, au mois de novembre suivant, dans l'église de Saint-Just *extra muros ;*

Transféra le Saint-Siége à Avignon le 8 janvier 1309.

Mort le 20 avril 1314 à Roquemaure, inhumé en août 1316, à Uzeste, diocèse de Bazas.

PORTE : *D'argent, à trois fasces de gueules.*

JEAN XXII (JACQUES D'EUZE)
1316 — 1334

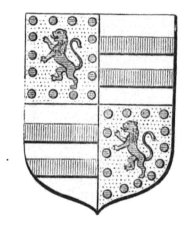

Pour la notice, voir à la première partie, p. 33.

PORTE : *Écartelé aux 1ᵉʳ et au 4ᵐᵉ, d'or au lion d'azur à la bordure de tourteaux du même ; aux 2ᵐᵉ et au 3ᵐᵉ; d'argent à deux fasces de gueules.*

BENOIT XII

JACQUES NOUVEAU, SURNOMMÉ FOURNIER.

1334 — 1342

Né à Saverdun, diocèse de Rieux.

Son surnom de Fournier lui vient de ce que son père était boulanger.

Moine de Cîteaux, inquisiteur de la province de Toulouse, abbé de Fonfroide au diocèse de Narbonne, évêque de Pamiers puis de Mirepoix, créé cardinal-prêtre par Jean XXII en 1327.

On l'appelait le *cardinal blanc*, à cause de la couleur de l'habit de son ordre.

Élu pape le 20 décembre 1334, au premier conclave d'Avignon, il fut couronné le 8 janvier 1335.

Mort le 25 avril 1342, inhumé dans la cathédrale de Notre-Dame-des-Doms et dans la chapelle qui sert aujourd'hui à la sépulture des archevêques, son corps fut transporté plus tard à l'abbaye de Boulbonne, ainsi que cela résulte des tables de cette abbaye.

Ce fut ce pape qui ajouta la troisième couronne à la tiare :

la première y avait été mise par Hormisdas dès le vi⁰ siècle ; la seconde par Boniface VIII dans le courant du xiii⁰. La statue placée sur son tombeau est moderne, et la tiare en a été fort mal conçue; nulle part on n'a vu figurer les trois couronnes avec des creneaux (1).

PORTE : *De gueules à un écusson d'argent posé en abîme.*

CLÉMENT VI (PIERRE ROGER DE BEAUFORT).

1342 — 1352

Pour la notice, voir à la première partie, page 41.

PORTE : *D'argent à la bande d'azur accompagnée de six roses de gueules.*

---

1. Le prétendu tombeau de ce pape, qui existe dans la chapelle du Saint-Sacrement à la métropole d'Avignon, est le résultat d'une singulière méprise.

Ce tombeau était celui du cardinal Jean de Cros, évêque de Limoges, mort à Avignon le 22 novembre 1383, ainsi que le prouve son blason qui y est quatre fois reproduit. Le tombeau de Benoît XII, qui était voisin, a été détruit pendant la tourmente révolutionnaire. Lorsqu'on a réparé la métropole pour la livrer de nouveau au culte sous l'épiscopat de Mgr de Mons, les maçons chargés de cette restauration n'ont rien trouvé de mieux que de placer une statue fantaisiste sur le tombeau du cardinal de Cros mort quarante-un ans après Benoît XII.

Telle est l'explication des blasons et de la statue hétérogène qui décorent ce tombeau qui n'a jamais été celui de Benoît XII. (Voir le manuscrit de Véras à la bibliothèque du musée Calvet, et pour les armes du cardinal de Cros, Ciacconius, Frizon, Duchesne.)

INNOCENT VI (ÉTIENNE AUBERT).

1352 — 1362

Pour la notice, voir à la première partie, page 43.

PORTE : *De gueules au lion d'or ; à la bande d'azur brochant sur le tout ; au chef d'argent chargé de trois coquilles de gueules.*

URBAIN V (GUILLAUME GRIMOARD).

1362 — 1370

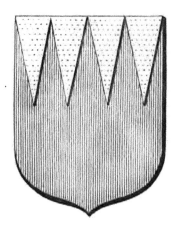

Pour la notice, voir à la première partie, page 46.

PORTE : *De gueules, au chef d'or emmanché de quatre pointes.*

GRÉGOIRE XI (PIERRE ROGER DE BEAUFORT).

1370 — 1378

Né, en 1331, au château de Maumont (diocèse de Limoges), du mariage de Guillaume II, frère de Clément VI, avec Marie du Chambon.

Créé cardinal en 1349, ordonné prêtre le 4 janvier 1370, sacré évêque le lendemain.

Élu pape le 30 décembre de la même année dans le cinquième conclave d'Avignon, il fut couronné le 5 janvier suivant.

Transféra le Saint-Siége à Rome le 13 septembre 1376.

Mort au Vatican le 27 mars 1378.

PORTE : *D'argent a la bande d'azur accompagnée de six roses de gueules* (1).

---

1. La Chesnaye-Desbois dit *rangées en orle.*

CLÉMENT VII (ROBERT DE GENÈVE, antipape).

1378 — 1394

Pour la notice, voir à la première partie, page 52.

PORTE : *Cinq points d'or équipollés à quatre d'azur.*

BENOIT XIII (PIERRE DE LUNA, antipape).

1394 — 1409

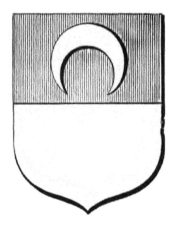

Pour la notice, voir à la première partie, page 53.

PORTE : *Coupé de gueules et d'argent au croissant renversé d'argent sur la partie de gueules qui est en chef.*

LÉGATS

La légation d'Avignon date de l'année 1409. Le pape
Alexandre V l'institua pendant le schisme d'Occident, lorsque
Pierre de Luna, qui se disait souverain pontife sous le nom de
Benoît XIII, se fut éloigné de cette ville après avoir été déposé
par le concile de Pise.

Cette légation n'avait pas eu de raison d'être tant que les papes
avaient séjourné à Avignon ; mais cette ville et son territoire étant
devenus la propriété du Saint-Siège par suite de l'achat qu'en
avait fait le 9 juin 1348 le pape Clément VI de la reine Jeanne, la
nécessité d'une légation s'imposa le jour où s'accomplit la translation du Saint-Siège à Rome.

Les cardinaux-légats auxquels fut confiée l'administration du
pays, étaient investis de tous les pouvoirs spirituels, judiciaires,
administratifs et même militaires.

PHILIPPE DE CABASSOLE

Gouverneur d'Avignon pour le pape Urbain V

1367 — 1371

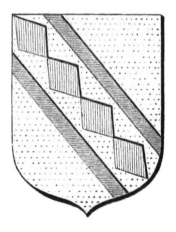

Pour la notice, voir à la première partie, page 47.

PORTE : *D'or à quatre losanges de gueules appointés et posés en bande; accompagnés de deux cotices d'azur.*

JEAN DE BLAUZAC

Vicaire général d'Avignon pour le pape Grégoire XI.

1376

Jean de Blauzac (de Blandiaco), improprement désigné par divers auteurs sous les noms de *Brasnac*, ou de *Blandiac*, et dont le véritable nom, d'après Baluze, était *de Deux* (de Deucio), avait pour oncle le cardinal Bertrand *de Deux*, archevêque d'Embrun et légat en Italie, lequel mourut à Avignon et fut inhumé dans l'église de Saint-Didier que ses exécuteurs testamentaires firent rebâtir en 1359, et dont ils avaient aussi fondé le chapitre.

Ce prélat, auditeur du sacré palais en 1344, chanoine d'Aix et chapelain du pape Clément VI, fut placé sur le siége épiscopal de Nîmes comme successeur de son oncle Bertrand par bulle de ce pape du 15 des Kal. d'octobre 1348; créé cardinal-prêtre du titre de saint-Marc le 17 septembre 1361, évêque de Sabine en 1372.

Il fut un des six cardinaux qui restèrent à Avignon après le départ de Grégoire XI pour Rome; ce pape lui en donna le gouvernement avec le titre de *vicaire général*.

Mort le 3 des Ides de juillet 1379, il fut inhumé dans le tombeau de son oncle, dans l'église de Saint-Didier d'Avignon.

PORTE : *D'azur, au cerf passant d'or les pieds droits levés* (1).

PIERRE DE TOURROYE

Ier LÉGAT. 1409 — 1410

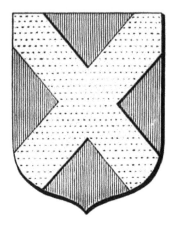

Pour la notice, voir à la première partie, page 57.

PORTE : *De gueules au sautoir d'or.*

---

1. DUCHESNE, t. I, p. 571. — Ciacconius (t. II, p. 542) ajoute à ces armes un chef sans désignation d'émail. — D'après Pithon-Curt (t. III, p. 391), il aurait eu les mêmes armes que son oncle : *De gueules au chef d'or.*

FRANÇOIS DE CONZIÉ

IIᵉ LÉGAT. 1410 — 1432

Né en 1356 au château de Conzié, près de Rumilly, route de Chambéry à Genève.

Fils de Pierre, seigneur de Conzié, et d'Ancélise de Verbos de Chatel (1).

Evêque de Grenoble le 6 janvier 1380, archevêque d'Arles le 31 janvier 1389, archevêque de Toulouse le 17 octobre 1390, archevêque de Narbonne le 20 mai 1392, camerlingue de Clément VII et de Benoît XIII, légat d'Avignon pour le pape Jean XXIII, confirmé en 1418 par Martin V son successeur dont il était camérier.

Quelques auteurs prétendent qu'il fut nommé patriarche de Constantinople par Eugène IV.

Mort le 31 décembre 1432 et inhumé dans l'église des Célestins d'Avignon.

---

1. Louis Allemand, archevêque d'Arles de 1424 à 1450, était son neveu, fils de sa plus jeune sœur Marguerite, qui avait épousé Pierre Allemand, seigneur d'Arbent.

PORTE : *De sable, au chef d'or chargé d'un lion issant de gueules* (1).

MARC CONDULMERO

III° LÉGAT. 1432

Pour la notice, voir à la première partie, page 63.

PORTE : *D'azur à la bande d'argent.*

---

1. La Chesnaie-Desbois donne le *champ d'azur.* — FISQUET. *Archidioc. d'Arles,* p. 613.
— BLANCARD. *Iconographie.* 2° édition, pl. CIX. — Sceau au musée Calvet.

ALPHONSE CARILLO

GOUVERNEUR. 1432 — 1433

Né à Concha dans les Asturies.

Fils de Gomez Carillo, chambellan de Jean II, roi de Castille, et de Urie Gomez d'Albornos ; il appartenait par son père à la maison des marquis de la Guardia (1).

Cardinal-diacre du titre de Saint-Eustache de la même création de pseudo-cardinaux que Pierre de Foix, il abandonna, comme lui, le parti de Benoît XIII, pour se rallier à celui de Martin V, qui l'envoya à Avignon avec le titre de gouverneur-recteur ou vicaire pour le spirituel et pour le temporel, tant de cette ville que du comtat Venaissin.

Mort à Bâle, le 14 mars 1434.

PORTE : *Parti ; au premier d'or à trois fasces d'azur ; au deuxième de gueules au château d'or maçonné de sable surmonté de trois*

---

1 Le nom originaire de cette famille était *Mesia*. Le premier connu est *Gonzalès Mesia*, auquel le roi Henriquez II donna la seigneurie de la Guardia en 1379. (La Chesnaie-Desbois.)

tours, celle du milieu plus élevée; à la bordure échiquetée de deux traits d'argent et de gueules (1).

PIERRE DE FOIX

IV⁰ LÉGAT. 1433 — 1464

Né en 1386 à Morlas en Béarn.

Il appartenait à l'illustre maison des princes de Béarn, et était issu de l'union d'Archambaud de Grailly, comte de Foix de la deuxième race, vicomte de Benauges et de Castillon, captal de Buch, etc., etc., avec Isabelle de Foix, fille de Roger-Bernard vicomte de Castelbon de la première race des comtes de Foix.

Il prit les ordres mineurs dans le monastère de Morlas, autrefois fondé par Gaston de Moncade, son aïeul.

Successivement évêque de Lescar en 1405, de Comminges en 1426, administrateur de l'archevêché de Bordeaux en 1438, archevêque d'Arles en 1450, il se démit de ce dernier titre en 1462. Il était cardinal du titre de Saint-Etienne *in monte Cœlio,*

---

1. LaChesnaye-Desbois. — Ciacconius (t. II, p. 745) ne donne que le deuxième quartier sans la bordure.

de la cinquième création de pseudo-cardinaux de Benoît XIII en septembre 1409, alors que ce pape résidait à Peniscola (royaume de Valence).

Il abandonna le parti de Benoît XIII et contribua à l'élection de Martin V.

Légat d'Avignon en 1433, nommé par Eugène IV.

Mort à Avignon le 13 décembre 1464 et inhumé dans l'église des frères mineurs (1). .

PORTE : *Ecartelé au 1ᵉʳ et au 4ᵉ d'or à trois pals de gueules,* qui est de Foix; *au 2ᵉ et au 3ᵉ d'or à deux vaches passantes de gueules, accornées, accolées et clarinées d'azur,* qui est de Béarn (2).

———

Entre ce légat et son successeur, il y eut une vacance de six ans.

———

1. Il fut enterré en habit de cordelier au milieu du chœur des Pères de son ordre, conformément à ses dernières volontés.
2. FISQUET. *Archidioc. d'Arles,* p. 649. — CIACCONIUS, t. II, p. 742. — *Gallia purpurata,* p. 524. — BLANCARD. *Iconographie,* pl. CIX.

CHARLES DE BOURBON

Premier cardinal de ce nom.

Vᵉ LÉGAT. 1470 — 1476

Fils de Charles Iᵉʳ de Bourbon et d'Agnès de Bourgogne. Il eut cinq frères et cinq sœurs dont la dernière, Marguerite, épousa Philippe, duc de Savoie, et devint mère de Philibert-Emmanuel, duc de Savoie, et de Louise, duchesse d'Angoulême, mère du roi François Iᵉʳ.

Cardinal-prêtre du titre de Saint-Martin, de la troisième création de Sixte IV, le 15 des Kalendes de janvier 1476.

Archevêque de Lyon. — Légat d'Avignon en 1470.

Mort à Lyon le 13 septembre 1488, inhumé dans la métropole de Saint-Jean.

PORTE : *D'azur à trois fleurs de lys d'or, au bâton de gueules péri en bande* (1).

---

1. Ciacconius, t. III, p. 56.

JULIEN DE LA ROVÈRE

VIe LÉGAT. 1476 — 1503

Pour la notice, voir à la première partie, page 66.

PORTE : *D'azur au chêne arraché d'or, les branches passées en double sautoir.*

GEORGES D'AMBOISE

VII° LÉGAT. 1503 — 1511

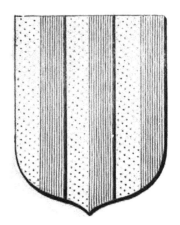

Né en 1460, dernier fils de Pierre d'Amboise, chambellan des rois Charles VII et Louis XI, et d'Anne Buelly de Sancerre, sœur de Jean Buelly général français.

Il eut huit frères, dont cinq se consacrèrent à l'Église, et sept sœurs.

Cardinal du titre de Saint-Pierre-ès-liens de la sixième création d'Alexandre VI, du 12 septembre 1498. Nommé légat en 1503.

Mort à Lyon le 25 mai 1510, d'après quelques auteurs en 1511, il fut inhumé dans la métropole de Rouen.

PORTE : *Pallé d'or et de gueules de six pièces* (1).

---

1. Ciacconius, t. III, p. 187.

ROBERT DE GUIBE

VIII° LÉGAT. 1511 — 1513

Né à Vitré en Bretagne.

Fils d'Adenet Guibé et d'Olivia Landais, il eut pour frère Michel évêque de Dol puis de Rennes.

Abbé de Saint-Melaine de Rennes, nommé ensuite évêque de Tréguier, il succéda à son frère sur le siége de Rennes; d'où il fut tansféré à celui de Nantes, le 24 février 1507.

Créé cardinal du titre de Sainte-Anastasie par Jules II à la demande de Louis XII et d'Anne de Bretagne, il se démit en 1511 de l'évêché de Nantes en faveur de son neveu François, et fut promu à la légation d'Avignon en cette même année.

Mort à Rome le 9 novembre 1513. Inhumé provisoirement dans l'église de Saint-Yves, ses ossements furent plus tard transportés en France et ensevelis dans la cathédrale de Rennes, ainsi qu'il l'avait prescrit dans son testament.

Il est généralement connu sous le nom de *Cardinal de Nantes*.

PORTE : *Fascé d'argent et d'azur de six pièces ; à six roses d'or rangées trois sur la première fasce d'azur, deux sur la deuxième et une sur la troisième* (1).

FRANÇOIS GUILHEM DE CLERMONT-LODÈVE

IXᵉ LÉGAT. 1513 — 1541

Fils de Pierre dit *Tristan*, seigneur de Clermont (2), grand pannetier de France, et de Catherine d'Amboise, sœur du cardinal Georges d'Amboise.

Successivement évêque d'Agde, puis de Valence, il occupa ensuite comme archevêque les siéges de Narbonne et d'Auch (3).

Cardinal-prêtre du titre de Saint-Adrien de la première création de Jules II du 29 novembre 1503.

Légat d'Avignon en 1513.

Mort à Avignon en 1540 suivant Frizon et Ughelli, et en 1541 suivant Contelori.

---

1. Ciacconius, t. III, p. 254. — *Gallia christiana*, t. XIV, p. 834.
2. La maison de Clermont-Lodève était un des rameaux de celle de Castelnau.
3. Les auteurs du *Gallia christiana* le disent par erreur évêque de Sénès, et le confondent avec Théodore-Jean de Clermont-Tallard, qui occupa en effet cet évêché en 1551 et fut, en 1552 ou 1553, vice-légat d'Avignon.

Porte : *Fascé d'or et de gueules de six pièces; au chef d'hermine* (1).

Alias: *Parti, au premier d'or, au château de gueules; au deuxième écartelé au 1er et au 4e d'argent au lion de sable ; au 2e et au 3e fascé d'or et de gueules de six pièces ; au chef d'hermine* (2).

Alias : *D'or à trois fasces de gueules ; au chef d'hermine* (3).

ALEXANDRE FARNÈSE

Xe LÉGAT. 1541 — 1565

Pour la notice, voir, à la première partie, pages 72 et 74

Porte : *D'or à six fleurs de lys d'azur posées 3, 2 et 1.*

———

1. La Chesnaye-Desbois, t. IV, p. 640. — Ciacconius, t. III. p. 351.
2. Frizon. — 3. Migne, *Dict. hérald.*

CHARLES DE BOURBON-VENDOME

XI° LÉGAT. 1565 — 1585

Né le 22 septembre 1523 à La Ferté-sous-Jouarre. Cinquième fils de Charles de Bourbon, duc de Vendôme, et de Françoise d'Alençon, veuve en premières noces de François d'Orléans premier du nom, duc de Longueville; frère puîné d'Antoine de Bourbon, roi de Navarre et oncle de Henri IV.

Évêque de Nevers à treize ans, de Saintes à dix-neuf; cardinal à vingt-quatre, de la onzième création de Paul III du 9 janvier 1548; archevêque de Rouen en la même année.

Légat d'Avignon en 1565.

Proclamé roi de France par la Ligue en 1589 après la mort de Henri III, il n'a jamais exercé la puissance souveraine, encore bien que de nombreuses monnaies aient été frappées à son nom.

Mort le 9 mai 1590 à Fontenay-le-Comte, à l'âge de soixante-sept ans.

PORTE : *D'azur, à trois fleurs de lys d'or; à la bande raccourcie de gueules chargée de trois lions d'argent sur le tout* (1).

---

1. Ciacconius, t. III, p. 73 :. — BARJAVEL, *Bio-bibliog.*, t. I, p. 276.

GEORGES D'ARMAGNAC

Co-légat de Charles de Bourbon.

1565 — 1585

Pour la notice, voir la première partie, page 78.

PORTE : *Ecartelé au 1er et au 4e d'argent au lion de gueules ; au 2e et au 3e de gueules au lion léopardé d'or.*

A la mort du cardinal d'Armagnac, la légation resta vacante pendant huit ans jusqu'en 1593.

La Chesnaye-Desbois mentionne comme légat d'Avignon, entre 1585 et 1588, Louis II de Lorraine, cardinal de Guise, archevêque et duc de Reims, pair de France, né à Dampierre le 6 juillet 1555, fils de François de Lorraine duc de Guise et d'Aumale, prince de Joinville, etc., et d'Anne d'Este, comtesse de Gisors, dame de Montargis, lequel est mort à Blois le 24 décembre 1588.

Ne trouvant aucune trace de l'administration de ce légat, je suppose que l'auteur en question fait erreur ou que la promotion, si elle a eu lieu, est restée à l'état de lettre morte.

OCTAVE AQUAVIVA

XII° LÉGAT. 1593 — 1601

Né à Naples en 1560.

Fils de Jean Gérôme duc d'Adria et de Marguerite Pia.

Cardinal-diacre du titre de Saint-Georges, de la deuxième création de Grégoire XIV, le 1ᵉʳ des nones de mars 1591 ; cardinal-prêtre du titre de Sainte-Marie du Peuple en 1592. Il quitta ce dernier titre en 1602, pour prendre celui de Saint-Jean et Saint-Paul.

Légat en 1593.

Mort le 15 décembre 1612, à l'âge de cinquante-deux ans.

PORTE : *Ecartelé ; au 1ᵉʳ et au 4° parti, de trois traits ; au premier d'or à quatre pals de gueules,* qui est Aragon ; *au deuxième fascé d'argent et de gueules de huit pièces,* qui est Hongrie ; *au troisième d'azur semé de fleurs de lys d'or surmonté d'un lambel de trois pendants de gueules,* qui est Provence-Sicile ; *au quatrième d'argent, à la croix potencée d'or et cantonnée de quatre croisettes du même,* qui est Jérusalem; *aux deuxième et troisième quartiers d'or au lion d'azur lampassé et armé de gueules,* qui est Aquaviva (1).

CYNTHIUS PASSERUS (CARDINAL ALDOBRANDINI).

XIII° LÉGAT. 1601 — 1605

Né à Sinigaglia. — Fils de Aurelius Passerus et de Julia Aldobrandini, neveu par sa mère de Clément VIII, dont il prit le nom et les armes.

Cardinal-diacre du titre de Saint-Georges, de la première création de Clément VIII, le 15 des calendes d'octobre 1593.

Légat d'Avignon en 1601.

Mort le 1ᵉʳ janvier 1610.

PORTE : *D'azur, à la bande brétessée d'or; accompagnée de six étoiles de même* (2).

1. Ciacconius.
2. Ciacconius, t. IV, p. 285.

SCIPION CAFFARELLI (CARDINAL BORGHÈSE)

XIVᵉ LÉGAT. 1605 — 1621

Né à Rome en 1576. — Fils de Marie-Antoine Caffarelli et neveu, par sa mère, du pape Paul V.

Cardinal-prêtre du titre de Saint-Chrysogone, de la première création de Paul V du 18 juillet 1605.

Il reçut de son oncle avec la pourpre l'autorisation de prendre le nom et les armes de *Borghèse*.

Légat d'Avignon en 1605.

Mort le 2 octobre 1633 à cinquante-sept ans.

PORTE : *D'azur, au dragon d'or ; au chef d'or chargé d'un aigle de sable* (1).

---

1. Sceau au musée Calvet. — Ciacconius, t. IV, p. 399.

LOUIS LUDOVISI

xvᵉ légat. 1621 — 1623

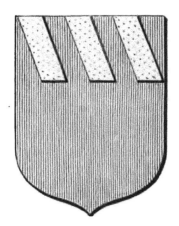

Né à Bologne le 22 octobre 1595.

Fils du comte Horace Ludovisi et de Lavinia Albergate, frère de Nicolas, prince de Piombino, et d'Hippolyte, d'abord princesse Rossani, puis duchesse Brachiani (1).

Cardinal du titre de *Sainte-Marie transpontine*, de la première création de Grégoire XV, le 15 février 1621.

Légat d'Avignon en 1621.

Mort le 18 novembre 1632, à l'âge de trente-sept ans.

Porte : *De gueules, à trois bandes d'or retraites en chef* (2).

---

1. La famille Ludovisi s'est éteinte en la personne d'Olympie, fille de Nicolas Ludovisi, devenu prince de Piombino par son mariage avec Polixène Mendoza. Olympie leur fille porta cette principauté dans la maison Buoncompagni en 1683.
2. Ciacconius, t. IV, p. 476.

FRANÇOIS BARBERINI

XVI° LÉGAT. 1623 — 1633

Né à Florence le 23 septembre 1597.

Fils de Charles Barberini et de Constance Magalotti, neveu par son père d'Urbain VIII.

Evêque d'Ostie, nommé cardinal-diacre du titre de Saint-Ono-phrius, de la première création d'Urbain VIII, le 6 des nones d'octobre 1623; il échangea en 1624 son titre contre celui de Sainte-Agathe.

Légat d'Avignon en 1623.

Mort en 1679.

PORTE : *D'azur à trois abeilles d'or 2 et 1* (1).

---

1. Sceau au musée Calvet. — Ciacconius, t. IV, p. 525. — BARJAVEL, *Bio-bibliographie*, t. I, p. 133.

ANTOINE BARBERINI

XVIIᵉ LÉGAT. 1633 — 1644.

Florentin, né le 5 août 1608.

Frère cadet de François, son prédécesseur dans la légation.

Cardinal-diacre de la quatrième création d'Urbain VIII, le 30 août 1627. Cardinal-prêtre du titre de la très-sainte Trinité *in Pincio* le 11 octobre 1633, archevêque de Reims, bibliothécaire de la sainte Église Romaine, préfet de la congrégation des Brefs.

Légat d'Avignon en 1633.

PORTE : *D'azur à trois abeilles d'or 2 et 1 (1).*

---

1. Ciacconius, t. IV, p. 564. — Sceau au musée Calvet.

CAMILLE PAMPHILI

XVIII° LÉGAT. 1644 — 1650

Né à Rome le 21 février 1622.

Fils de Pamphili Pamphili et d'Olympe Maldachini de Viterbe, neveu d'Innocent X par son père.

Cardinal de la première création d'Innocent X le 14 novembre 1644, pourvu la même année de la légation d'Avignon.

Ce pape, n'ayant que ce seul neveu de son nom et ne voulant pas laisser éteindre ce nom, autorisa en 1647 Camille à quitter la pourpre et à épouser Olympia Aldobrandini, princesse Rossani, veuve en premières noces du prince Paul Borghèse, nièce du duc de Parme et du pape Clément VII.

Il eut de cette union cinq fils et deux filles.

PORTE : *De gueules, à la colombe d'argent portant au bec un rameau d'olivier de sinople; au chef parti de trois pièces d'azur, chacune chargée d'une fleur de lys d'or* (1).

---

1. Ciacconius, t. IV, p. 667. — Sceau au musée Calvet.

CAMILLE ASTALLI

XIX⁰ LÉGAT. 1650 — 1654

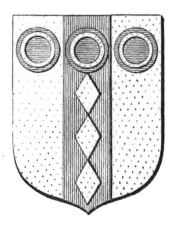

Né à Rome le 21 octobre 1619 (1), fils de Fulvius et de Catherine Pinelli.

Après avoir complété avec de brillants succès ses cours de lettres et de sciences, il fut admis au nombre des avocats consistoriaux, puis à celui des clercs de la chambre a postolique, avec la présidence des prisons. Innocent X, par un privilége bien rare et d'après les conseils du cardinal Panciroli, le créa le 19 septembre 1650 cardinal-prêtre du titre de Saint-Pierre *in Montorio*. Ensuite il fut adopté par la famille P amphili, dont il prit le nom, les armes, le rang, les honneurs et les revenus comme neveu de ce pape.

Il devint membre de toutes les con grégations de Rome, eut le gouvernement de la ville de Fermo, la légation d'Avignon, et fut élu protecteur des Ordres Mineurs conventuels.

Tant d'honneurs accumulés sur sa tête excitère nt contre lui une

1. 1616 suivant quelques auteurs.

jalousie acharnée; il se vit un jour dépossédé de ses honneurs et de presque tous ses bénéfices, et relégué au fond des Sambuci (1) qui lui appartenaient. On lui fit un procès sur les faits qui lui étaient reprochés, mais ce procès dut être abandonné faute de preuves. Il fut aussi accusé de trahison envers le pape, qui ne tarda pas à reconnaître son innocence.

Après la mort d'Innocent X, il retourna à Rome et prit part au conclave d'Alexandre VII, qui le nomma protecteur du royaume de Naples et de Sicile auprès du Saint-Siége.

L'évêché de Catane étant devenu vacant, Philippe IV roi d'Espagne le nomma à ce siége. Le nouveau prélat, plein de zèle pour le salut des âmes, se voua à ses nouvelles fonctions jusqu'à sa mort, qui arriva le 22 décembre 1663. Il était âgé alors de quarante-quatre ans.

Son corps fut enseveli dans son église cathédrale et placé dans un tombeau de marbre.

PORTE : *D'or, au pal de gueules chargé de trois losanges du champ; à trois tourteaux d'azur chargés d'un annelet d'or, rangés en fasce en chef, celui du milieu sur le pal* (2).

Entre ce légat et son successeur il y eut une vacance de trois ans, de 1654 à 1657.

---

1. Je n'ai pu savoir ce que c'était que les *Sambuci* : ce devait être une propriété ou terre appartenant à cette famille.
2. Je dois presque toute cette notice à M. de Crollalanza.

FLAVIUS CHIGI

XX⁰ LÉGAT. 1657 — 1668

Né à Sienne, fils de Marius Chigı et de Bérénice Aciari, neveu par son père du pape Alexandre VII.

Archiprêtre de la basilique de Saint-Jean de Latran, bibliothécaire de la sainte Église Romaine, préfet de la signature de la justice.

Cardinal-prêtre du titre de Sainte-Marie du Peuple, de la première création d'Alexandre VII le 9 avril 1657, légat d'Avignon en la même année.

PORTE : *Ecartelé au 1ᵉʳ et au 4ᵉ d'azur au chêne arraché d'or tigé de quatre branches passées en double sautoir,* qui est de la Rovère ; *au 2ᵉ et au 3ᵉ de gueules à une montagne de six coupeaux d'argent surmontée d'une étoile d'or* qui est de Chigi (1).

---

1. Ciacconius, t. IV, p. 727. Sceau au musée Calvet.

JACQUES ROSPIGLIOSI

XXI° LÉGAT. 1668 — 1670

Né à Pistoia le 29 décembre 1628.

Fils de Camille Rospigliosi et de Lucrèce Cellesi, neveu de Clément IX.

Archiprêtre de Sainte-Marie-Majeure, préfet de la signature des grâces.

Cardinal-prêtre du titre de Saint-Sixte, de la première création de Clément IX le 12 décembre 1667, légat d'Avignon l'année suivante.

PORTE : *Ecartelé au 1ᵉʳ et au 3ᵉ d'or à un losange d'azur; au 2ᵉ et au 3ᵉ d'azur à un losange d'or* (1).

_____

(1) Ciacconius, t. IV, p. 785.

PALUZZIO PALUZZI (CARDINAL ALTIERI)

XXIIᵉ LÉGAT. 1670 — 1677

Il appartenait à la maison Albertoni, que de nombreuses alliances unissaient à la famille Altieri. Il était neveu par sa mère du pape Clément X (J. B. E. Altieri), qui, n'ayant aucun parent de son nom, l'autorisa à prendre ce nom et ses armes.

Evêque de Montfalloux, cardinal des douze saints Apôtres, de la quatrième création d'Alexandre VII le 14 janvier 1644 (1).

Légat d'Avignon en 1670.

Mort le 29 juin 1698.

Son frère Ange Paluzzi hérita à sa mort du nom et des armes d'Altieri.

PORTE : *D'azur à six étoiles d'argent à la bordure engrêlée d'argent et d'azur* (2).

---

(1) Pithon Curt place sa promotion au cardinalat au 13 janvier 1666.

(2) Ciacconnius, t. IV, p. 757. Sceau au musée Calvet

ALDERAN CIBO

XXIII° LÉGAT. 1677 — 1690.

Né à Gênes le 10 juin 1613 et appartenant à la noble et illustre maison des princes de Massa et de Carrare, il était fils de Charles Cibo et de Brigitte Spinola, et petit-neveu d'Innocent VIII.

L'une de ses sœurs fut mariée à Galeotti Pic de la Mirandole, et l'autre, du nom de Véronique, épousa le duc Salviati.

Cardinal-prêtre du titre de Sainte-Praxède à trente-deux ans, de la deuxième création d'Innocent X le 6 mars 1645.

Légat d'Avignon en 1677.

Mort doyen du sacré-collège le 21 juillet 1700, âgé de quatre-vingt-huit ans.

Porte : *De gueules, à la bande échiquetée d'argent et d'azur, au chef d'argent chargé d'une croix de gueules, abaissé sous un autre chef d'or à l'aigle à deux têtes de sable avec un liston d'argent portant le mot* Libertas (1).

---

(1) L'aigle de l'empire qui figure au chef du blason des Cibo fut concédé en 1568 à Albéric Cibo par l'empereur Maximilien II, lorsqu'il le créa prince de Massa et du Saint-Empire.

Ciacconius, t. IV, p. 676. P. Ménétrier. La Chesnaye-Desbois. Sceau au musée Calvet

PIERRE OTTOBONI (JUNIOR)

XXIV⁰ LÉGAT. 1690 — 1691

Né à Venise le 2 juillet 1667.

Fils d'Antoine Ottoboni et de Marie Maretti, neveu d'A-
lexandre VIII.

Nommé cardinal-prêtre de la première création d'A-
lexandre VIII, le 7 novembre 1689.

Légat d'Avignon en 1690. Dépossédé de ce titre par la suppres-
sion de la légation, en 1692, il devint archiprêtre de la basilique
Libérienne et de la basilique de Saint-Jean-de-Latran, commendataire de celle de Saint-Laurent *in Damaso*, grand prieur de
l'ordre hospitalier de Saint-Jean-de-Jérusalem, secrétaire de la
sacrée congrégation romaine et de plusieurs autres.

Il mourut le 28 février 1740, à l'âge de soixante-treize ans
environ.

Porte : *Tranché de sinople et d'azur à la bande d'argent ; au chef
d'or chargé d'un aigle à deux têtes de sable* (1).

---

(1) Guarnaci, t, 1ᵉʳ, p. 320. Sceau au musée Calvet.
Monnaies d'Innocent XII, frappées à Avignon par le cardinal Ottoboni avec ses
armes au revers. — *Relation de Venise, Les familles nobles de Venise*, p. 139.
Un paul d'argent du cabinet des médailles de Marseille les donne : *tiercé en bande
d'or d'argent et d'azur.*

VICE-LÉGATS

Après Ottoboni, dernier légat d'Avignon, les souverains pontifes n'envoyèrent plus dans cette ville que des vice-légats, prélats d'un ordre moins élevé, qui furent subordonnés à une chambre de cardinaux et autres dignitaires ecclésiastiques, établie à Rome par rescrit d'Innocent XII, en date du 7 février 1693. Cette chambre, connue sous le nom de *congrégation d'Avignon*, fut investie de la haute autorité et de tous les pouvoirs économiques et politiques antérieurement confiés aux légats ; un rescrit du 4 septembre 1703 lui réserva exclusivement la juridiction d'appel des causes criminelles. Elle a subsisté jusqu'en 1791, époque de la réunion à la France de l'état d'Avignon et du comtat Venaissin.

Le vice-légat était le vicaire général du Saint-Siége tant pour le spirituel que pour le temporel ; il avait le titre de surintendant général du pape dans ces deux États, et disposait même, quant aux affaires ecclésiastiques, d'une certaine juridiction sur quelques États voisins : la Provence, le comté de Nice, la principauté d'Orange et le Dauphiné.

ALEXANDRE CAMPEGGI

1er VICE-LÉGAT. 1542 — 1544

Né à Bologne le 2 avril 1504.

Fils du cardinal Laurent Campeggi, qui avait épousé fort jeune Françoise Guastavillani et entra dans les ordres après l'avoir perdue (1).

Abbé de Boscodon, au diocèse d'Embrun, évêque de Bologne, cardinal du titre de Sainte-Lucie *in Silice* en 1551, doyen de la chambre apostolique.

Mort le 25 septembre 1554, âgé de cinquante ans environ. Il fut d'abord inhumé près de son père dans l'église de Sainte-Marie Transtévérine à Rome, puis transféré plus tard à Bologne dans l'église de Saint-Bernard et Sainte-Marthe.

---

(1) Le cardinal Laurent Campeggi avait eu de son mariage trois fils et deux filles.

Cette famille très-ancienne était originaire du Dauphiné; elle s'implanta en Italie par deux de ses membres, qui suivirent Charles d'Anjou, lorsque ce prince fit la conquête du royaume de Naples en 1264. Son nom était *Campége*; il ne prit que postérieurement la désinence italienne.

Elle a fourni à l'Eglise un certain nombre de prélats. On en a compté jusqu'à cinq de ce nom dans certaines réunions du concile de Trente.

PORTE : *Parti au premier d'argent au demi-aigle éployé et couronné de sable; au deuxième d'azur au chien d'argent colleté d'or* (1).

ANTOINE TRIVULCE

II° VICE-LÉGAT. 1544 — 1547

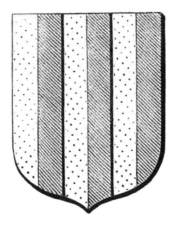

Né à Milan; neveu du cardinal Agostino Trivulce, auquel il succéda en 1528 à l'évêché de Toulon.

Créé cardinal par Paul V en 1559 aux ides de mars, il reçut du même pontife les signatures de grâce et de justice, et fut envoyé en France en qualité de légat en cette même année de 1559.

Mort dans les environs de Paris le 26 juin 1559.

PORTE : *Pallé d'or et de sinoples de six pièces* (2).

---

1. Ciacconius, t III, p. 774. Fisquet, Diocèse d'Embrun, p. 1037. Ms. Correnson. Didot (*Biog. gén.*), t. VIII, p. 386. — Ughelli, t. II, p. 49. Ciacconius donne les deux champs d'or et l'aigle non couronné.
2. Ms. Correnson. — Didot (*Biog. gén.*), t. XLV, p. 652. Ciacconius, t. III, p. 197 — Migne (*Dict. Hérald.*).

CAMILLE MENTUATO

IIIᵉ VICE-LÉGAT. 1547 — 1554

Né à Plaisance.

Evêque de Satriano, nommé le 14 novembre 1544, vice-légat à Bologne, puis à Avignon en 1547.

Mort en 1560.

PORTE : *Coupé d'azur de gueules à une losange d'argent sur le cœur de l'écu* (1).

---

1 **Ms. Correnson.** Ughelli, t. VII, p. 655.

THEODORE JEAN DE CLERMONT-TALLARD

IV° VICE-LÉGAT. 1552 — 1554

Fils de Bernardin, écuyer ordinaire, conseiller et chambellan du roi, et d'Anne de Husson de Tonnerre ; frère de Gabriel, évêque de Gap en 1527, et d'Antoine, capitaine des cent gentilshommes de la maison du roi François Ier, lieutenant du gouvernement de Dauphiné-Savoie et grand-maître des eaux et forêts de France (1).

Il fut abbé commendataire de Saint-Gilles, évêque de Senez en 1551, vice-légat d'Avignon en 1552 d'après Cottier, en 1553 seulement d'après D. Denis de Sainte-Marthe.

Porte : *Ecartelé; au 1er et au 4e de gueules à deux clefs d'argent posées en sautoir* qui est de Clermont (2) ; *au 2e et au 3e burelé*

---

(1) Il y a eu aussi de la même famille un évêque de Fréjus en 1676, du nom de Antoine-Benoît, ainsi que plusieurs autres prélats.

(2) La concession des clefs pontificales dans les armes de la maison de Clermont fut faite à Eynard II par le pape Calixte II, que ce Eynard conduisit à Rome au commencement de juin 1120, pour le rétablir sur le siége de Saint-Pierre, après en avoir chassé l'antipape Grégoire VIII. Pour reconnaître cet important service, Calixte II accorda, dit-on, à cette maison le privilége de porter pour armes *deux clefs d'argent posées en sautoir sur un champ de gueules,* et pour cimier la *tiare papale* avec cette devise : *Si omnes te negaverint, ego te nunquam negabo.*

d'argent et d'azur au lion de gueules couronné d'or brochant sur le tout, qui est de Sassenage (1).

JEAN-MARIE DE SALA

Vᵉ VICE-LÉGAT. 1554-1560

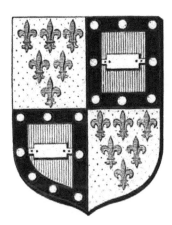

Originaire de Brescia (2).

On prétend qu'auparavant cette maison portait des armes parlantes, qui étaient *un mont surmonté d'un soleil.*

La bulle de concession des nouvelles armes est datée du 23 juin 1120.

(1) Ce blason m'est communiqué par M. Roman, de Gap, d'après deux sceaux qu'il possède de ce prélat. Il en possède un troisième, sur lequel ne figurent que les armes de Clermont.

M. Roman est aussi possesseur de deux écussons sculptés, qui ornaient jadis la porte d'entrée du château de Tallard, restauré par le père de Théodore-Jean. L'un de ces écussons donne : *écartelé aux 1 et 4 de Clermont, aux 2 et 3 contre-écartelé, aux 1 et 2 de Sassenage, aux 2 et 3 d'argent à deux fasces de gueules* que je crois être de *Trians.*

L'émail des deux fasces n'est pas indiqué sur la pierre rongée par le temps, mais son existence m'est démontrée par les armes du pape Jean XXII, dont *Arnaud de Trians,* le premier du nom en Dauphiné, était neveu. Cet Arnaud de Trians avait reçu en 1326 le comté de Tallard des chevaliers de l'ordre de Saint-Jean de Jérusalem en échange d'une autre terre qu'il possédait en Sicile. D'un autre côté *Antoine Iᵉʳ de Clermont,* grand-père de notre prélat, avait acquis le comté de Tallard en 1439, par son mariage avec *Françoise de Sassenage.*

Le deuxième écusson indique deux quartiers de plus, ceux de *Husson* et *Tonnerre.*

La généalogie de la maison de Clermont remonte authentiquement jusqu'aux premières années du xiiᵉ siècle.

Guy-Allard. Lachesnaye Desbois.

(2) C'est à tort que nos auteurs locaux lui donnent Bologne pour patrie; on n'en

Recteur du Venaissin en 1553, vice-légat d'Avignon de 1554 à 1560, puis évêque de Viviers.

Décédé à Trente, où il était allé pour assister au concile général.

PORTE : *Ecartelé au 1ᵉʳ et au 4ᵉ d'or à six fleurs de lys d'azur, 3, 2 et 1 qui est Farnèse ; au 2ᵉ et au 3ᵉ de gueules à un essieu de charrette d'argent* (1) ; *à la bordure de sable chargée de huit besans d'or* (2).

ALEXANDRE GUIDICCIONE

VIᵉ VICE-LÉGAT. 1560 — 1562

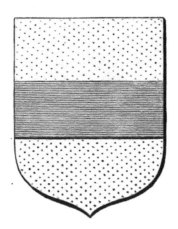

Fils de Nicolas et neveu du cardinal Barthélemy Guidiccione qui fut dataire, vicaire et maître du sacré-palais de Paul III et

trouve pas trace dans l'histoire de cette ville. Fantuzzi, de son côté, dans son ouvrage *degl 'illustri Bolognesi*, n'en fait aucune mention. Il appartient à une famille de Brescia ; son blason, qui est le même que celui des *Sala de Brescia*, le prouve.

Il existe bien une famille de *Sala à Bologne*, mais ses armes sont : *d'argent parti de gueules au chef de même*.

Je trouve un podestat de Florence de ce nom appartenant à la famille de Brescia en 1358, dont le blason est le même que celui de notre vice-légat. (Note de M. de Crollalanza).

(1) *Una sala de Carrocio.*

(2) Ms. Correnson. Ch. Cottier (*recteur du Venaissin*).

son prédécesseur sur le siége épiscopal de Lucques. Nommé lui-même à cet évêché le 9 janvier 1549, il en prit possession le 8 mai 1550 et reçut le pallium l'année suivante des mains du cardinal Pisani. Son successeur sur le même siége fut un de ses neveux, portant comme lui le nom d'Alexandre.

Vice-légat d'Avignon en 1560 d'après les auteurs locaux, en 1561 seulement d'après Ughelli.

Mort en 1605, et inhumé à Lucques dans son église cathédrale.

PORTE : *D'or à la fasce d'azur* (1).

LAURENT LENZI

VIIᵉ VICE-LÉGAT. 1562 — 1565

Né à Florence. Neveu par sa mère de Nicolas Gaddi, son prédécesseur sur le siége épiscopal de Fermo, dont il obtint la succession le 5 décembre 1544.

Il fut investi de la vice-légation d'Avignon en 1562.

---

(1) Ms. Correnson. Ughelli, t. I, p. 890.

Il représenta, en qualité de nonce, les papes·Paul IV et Pie IV à la cour de France auprès du roi Charles IX.

Mourut en France en 1571.

PORTE : *D'azur à une rencontre de bœuf d'or* (1).

De 1565 à 1585, Avignon n'eut point de vice-légat; le cardinal d'Armagnac, co-légat du cardinal de Bourbon, administra lui-même l'État en même temps que le diocèse dont il était archevêque.

GUILLAUME LE BLANC

VIII° VICE-LÉGAT. 1585.

Né à Toulouse. Fils de Durand Le Blanc, chevalier d'Avignon.

Il fut successivement conseiller au parlement de Toulouse, chancelier de l'Université de la même ville, évêque de Toulon

---

(1) Ciacconius, t. II, p. 794. Ughelli, t. II, p. 794.

en 1571, vice-légat d'Avignon en 1585 pendant quelques mois seulement.

Barjavel, d'après Pithon-Curt, lui donne seulement le titre de *lieutenant général de la légation.*

Mort à Avignon le 20 des calendes de mars 1588 (1) et inhumé dans le cloître des Dominicains (2).

PORTE : *Ecartelé; au 1ᵉʳ et au 4ᵉ d'azur à deux levrettes affrontées d'argent, colletées et bouclées de gueules; au 2ᵉ et au 3ᵉ d'argent à la bordure composée d'azur et de gueules* (3).

DOMINIQUE GRIMALDI

IXᵉ VICE-LÉGAT. 1585 — 1589

Voir, à la première partie, page 79.

---

(1) Les auteurs du *Gallia* disent qu'il est mort en 1585.
(2) Il eut un neveu du nom de Guillaume, comme lui, qui fut évêque de Grasse et de Vence.
(3) Pithon-Curt, t. I, p. 159.

PORTE : *Fuselé d'argent et de gueules ; au chef d'or chargé d'un aigle éployé de sable.*

DOMINIQUE PETRUCCI

Xᵉ VICE-LÉGAT. 1589 — 1592

Né à Cita di Castello (Typhernum).

Evêque de Strongoli le 27 avril 1582. Il fut transféré de ce siége à celui de Bisignano le 29 juillet 1584.

Vice-légat d'Avignon en 1589.

PORTE : *D'azur, à la bande de gueules, coticée d'argent, chargée de trois coquilles de même, et accompagnée de trois étoiles de huit rais d'or, deux à senestre en chef et une à dextre en pointe* (1).

Dominique Grimaldi reprend de nouveau la vice-légation par interim en 1592, mais pendant quelques mois seulement.

---

(1) Ms. Correnson. Ughelli, t. I, p. 577.

SILVIO SAVELLI

XI° VICE-LÉGAT. 1592 — 1593.

Né à Rome en 1550.

Fils de Camille, seigneur de la Riccia et d'Isabelle des Ursins.

Camérier de Grégoire XIII, vice-légat d'Avignon d'août 1592 à juin 1593, cardinal-prêtre du titre de Sainte-Marie *in via,* de la deuxième création de Clément VIII, le 15 des nones de juin 1596; fut ensuite légat en Ombrie, archevêque de Rossano et enfin patriarche de Constantinople.

Mort le 12 des calendes de février 1599, à l'âge de quarante-neuf ans.

PORTE : *Bandé d'or et de gueules de six pièces; avec un chef d'argent chargé de deux lions affrontés de gueules, qui soutiennent de leur patte dextre une rose d'or* (1).

---

(1) Ciacconius, t. IV, p. 287. — Freschot (*Histoire de Venise*), p. 213.

Le cardinal Octave Aquaviva, légat, administra lui-même directement la légation de 1593 à 1596.

JEAN-FRANÇOIS BORDINI

XIIe VICE-LÉGAT. 1596 — 1599

XII° VICE-LÉGAT. 1596 — 1599

Voir, à la première partie, page 81.

PORTE : *D'azur au vase à deux anses d'or.*

CHARLES CONTI

XIII° VICE-LÉGAT. 1599 — 1604

Il était Romain et de la branche des Poli.

Successivement vice-légat à Viterbe, puis à Camerino, ensuite évêque d'Ancône nommé par Sixte V en 1585, et enfin vice-légat d'Avignon en 1599.

Clément VIII le nomma nonce extraordinaire à la cour de Vienne et le créa, le 6 juin 1604, cardinal-prêtre du titre de Saint-Chrysogone, qu'il échangea contre celui de Saint-Laurent *in Lucina.*

Il assista aux conclaves de Léon XI et de Paul V.

Décédé le 3 des nones de décembre 1615, et inhumé dans le tombeau de son frère, en l'église de son dernier titre.

PORTE : *De gueules, à l'aigle au vol abaissé échiqueté d'or et de sable, couronné d'or* (1).

---

(1) Sceau et monnaies du cabinet des médailles de Marseille.

PIERRE-FRANÇOIS MONTORIO

XIV° VICE-LÉGAT. 1604 — 1607

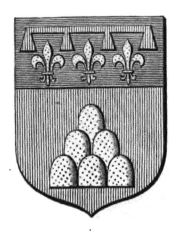

Né à Rome, fils du marquis Constantin Montorio.

Fut nommé évêque de Nicastro par Clément VIII le 3 février 1594, et devint titulaire de cette Église où il siégea pendant vingt-six ans.

Vice-légat d'Avignon en 1604, puis nonce apostolique en Allemagne sous Grégoire XV et assistant au trône pontifical sous Urbain VIII, pendant le pontificat duquel il mourut.

PORTE : *De gueules, à un mont de six coupeaux d'or ; au chef cousu d'azur chargé de trois fleurs de lys d'or surmontées d'un lambel de quatre pendants de gueules* (1). (*Concession de la maison d'Anjou.*)

---

1. Son sceau est au bas d'une lettre écrite à l'évêque de Carpentras en 1605 pour autoriser l'union des deux chapellenies fondées dans l'église de Saint-Siffrein; on lit autour de ce sceau : *P. Franc. Montorius Eps. Neoscastren. v. leg. Aven.* (*Bibl. de Carpentras.* Collect. Tissot).

JOSEPH FERRIER

XVe VICE-LÉGAT. 1607 — 1609

Né à Savone ; il fut nommé archevêque de Colosses le 15 mai 1593, puis coadjuteur de l'archevêché d'Urbin, dont il devint plus tard titulaire.

Vice-légat d'Avignon en 1607.

Mort à Avignon le 16 mars 1610.

Le cabinet de Marseille possède de ce prélat une fort belle médaille que je crois inédite, et qui représente le buste du vice-légat, à droite, avec la légende :

JOSEPH FERRERIVS, VICE-LEG. AVENION. A. D. MDC. IX.

℞ Vue d'Avignon ROMA. DABIT (pour DABAT). QVONDAM. QVAS. DAT. AVEN. CLAVES.

Cette pièce, qui ne présente aucun caractère relatif à un événement particulier se rapportant à l'administration de Joseph Ferrier, paraît avoir été frappée au moment où il quitta le

gouvernement de la ville, par les Avignonnais reconnaissants de
sa bonne administration.

PORTE : *Ecartelé ; au 1ᵉʳ et au 4ᵉ d'or à trois bandes d'azur ; au 2ᵉ
et au 3ᵉ d'azur au chêne arraché d'or tigé de quatre branches
passés en double sautoir* (1).

FRANÇOIS-ETIENNE DULCI

XVIᵉ VICE-LÉGAT. 1609 — 1610

Voir, à la première partie, page 82.

PORTE : *De gueules, à la douce d'argent armée et lampassée de
sable.*

---

(1) Ughelli, t. II, p. 885. Empreinte d'un sceau de ce prélat faisant partie des col-
ections du cabinet de Marseille.

PHILIPPE PHILONARDI

XVIIᵉ VICE-LÉGAT. 1610 — 1614

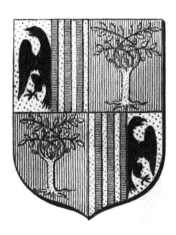

Né à Anagni.

Fils de Scipion Philonardi et de Brigitte d'Amboise ; frère d'Alexandre évêque d'Aquin et de Marius archevêque d'Avignon ; neveu de Flaminius aussi évêque d'Aquin puis cardinal, auquel il succéda sur ce dernier siége.

Vice-légat d'Avignon en 1610.

Cardinal du titre de Sainte-Marie-du-Peuple.

Mort à Rome en septembre 1622.

PORTE : *Ecartelé ; au 1ᵉʳ et au 4ᵉ d'or au demi-aigle éployé de sable ; au 2ᵉ et au 3ᵉ de gueules au chêne arraché d'or tigé de quatre branches passées en double sautoir* (1).

---

(1) Ms. Massilian (Bibliothèque d'Avignon). Voir à la première partie page 83.

JEAN-FRANÇOIS DE BAGNI

XVIIIᵉ VICE-LÉGAT. 1614 — 1621

Né à Bagni en Emilie, en octobre 1578.

Il était fils de Fabricius, marquis de Montebello et comte de Bagni, et de Laure Colonna, fille du duc Pompée Zagaroli et nièce par son père de Nicolas, archevêque d'Athènes, qui fut nonce apostolique d'Innocent X auprès du roi Louis XIV.

Evêque de Patras, vice-légat d'Avignon en 1614 pour Grégoire XV, nonce en Flandres, puis en France auprès du roi Louis XIII; évêque de Cervia le 17 mai 1627, cardinal en 1629, évêque de Rieti en 1635.

Mort le 25 juillet 1641 et inhumé dans l'église de Saint-Alexis, sur le mont Aventin.

PORTE : *Ecartelé en sautoir d'or en chef et en pointe; d'azur à dextre et à sénestre* (1).

GUILLAUME DU NOZET

XIX* VICE-LÉGAT. 1621 — 1622

Fils de François seigneur du Nozet.
Auditeur de la Rote, évêque de Séleucie.

PORTE : *De gueules, à deux lions rampans d'or; au chef cousu d'azur chargé d'une rose d'or accostée de deux étoiles du même* (2).

---

1. Ughelli, t. II, p. 5oo. — P. Ménétrier. — Ciacconius. Le premier indique *d'argent* l'émail du chef et de la pointe. Le ms. Correnson le donne *écartelé aux* 1 *et* 4 *de Barberini, aux* 2 *et* 3 *de Bagni*, comme Ughelli. J'ai vu ces armes sur une monnaie de Paul V, frappée par le légat Scipion Borghèse (Caffarelli) : *écartelé en sautoir d'azur en chef et en pointe d'argent à dextre et à sénestre.*

(2) Ms. Correnson, avec l'annotation suivante : « Ces armes figurent sur un livre de prix donné de la libéralité de ce vice-légat à un élève du collége des Jésuites d'A-vignon et l'inscription qui suit autour de l'écu :

† G. DV NOZET ARCH. SEL. VIC. LEG. AVENION. .

OCTAVIEN CORSINI

XXe VICE-LÉGAT. 1622.

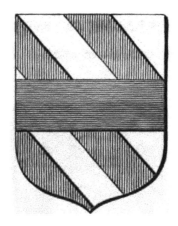

Né à Florence d'une très-ancienne et très-illustre famille originaire d'Etrurie, qui s'implanta plus tard à Rome et que les généalogistes font remonter aux premières années du douzième siècle.

Cette maison a fourni à l'église : Pierre cardinal-évêque de Porto et Aymeric, qui furent tous deux archevêques de Florence, André et Nerius évêques de Frisole, le pape Clément XII (Laurent Corsini) et un autre Octavien président de l'Annona (1).

Ce vice-légat, qui n'occupa son siége que pendant un mois, en l'absence de Guillaume du Nozet détenu à Nîmes par les hérétiques, avait été successivement clerc de la chambre apostolique, archevêque de Tarse *in partibus*, et enfin nonce apostolique en France.

PORTE : *Bandé d'argent et de gueules de six pièces ; à la fasce d'azur brochant sur le tout* (2).

---

(1) Tribunal romain qui connaissait de toutes les causes relatives aux grains et au commerce de la boulangerie.
(2) Ms. Correnson.

GOSME BARDI

XXIe VICE-LÉGAT. 1623 — 1629

Né à Florence d'une famille très-distinguée, à laquelle appartenaient aussi Barthélemy évêque de Spolète, et Alexandre évêque de Saint-Papoul.

Il était fils de Jean Bardi et de Lucrèce Salviati, et frère de Philippe évêque de Cortone.

Evêque de Carpentras de 1615 à 1630, recteur du comtat Venaissin en 1614 une première fois, puis une seconde de 1616 à 1621, vice-légat d'Avignon en 1623, puis archevêque de Florence le 9 septembre 1630.

Mort le 18 avril 1631 et inhumé dans son église métropolitaine de Florence.

PORTE : *D'or, à six losanges de gueules posées en bande, accompagnées en chef d'une tour crénelée du même* (1).

---

(1) Fornery (*Ev. de Carpentras*, ms. de la bibliothèque de cette ville, p. 301).
Ses armes sont gravées sur un *Lucain* qui a fait partie de la bibliothèque de ce prélat et qui appartient aujourd'hui à la bibliothèque publique de Marseille.

MARIUS PHILONARDI

XXII° VICE-LÉGAT. 1629 — 1634

Voir à la première partie, page 84.

PORTE : *Ecartelé ; au 1ᵉʳ et au 4ᵐᵉ parti, d'or au demi-aigle au vol abaissé de sable ; et pallé de six pièces azur et or ; au 2ᵐᵉ et au 3ᵐᵉ de gueules au chêne arraché d'or tigé de quatre branches passées en double sautoir.*

JULES MAZARIN

XXIII° VICE-LÉGAT. 1634 — 1639

Né à Piscina dans l'Abbruze, le 16 juillet 1602.

Fils de Pierre Mazarin intendant des domaines du connétable Colonna, et d'Hortense Bufalini de Cita-di-Castello.

Vice-légat en 1634; cardinal de la huitième création d'Urbain VIII, le 16 décembre 1641; il illustra son nom ensuite comme ministre des rois Louis XIII et Louis XIV.

Mort le 19 mars 1661, à cinquante-neuf ans.

PORTE : *D'azur, à une hache consulaire d'argent, futée d'or, environnée d'un faisceau du même lié d'argent, posée en pal ; à la fasce de gueules chargée de trois étoiles d'or brochant sur le tout* (1).

---

1. Ciacconius, t. IV, p. 612.

FABRICE DE LA BOURDAISSIÈRE
XXIVᵉ VICE-LÉGAT. 1637

Né à Rome, il était fils d'un gentilhomme normand. A cette famille avait appartenu Philibert de la Bourdaissière, cardinal en 1561, qui avait été légat des papes Paul IV et Pie IV auprès des rois Henri II, François II et Charles IX.

D'abord camérier d'Urbain VIII, il fut pourvu de l'évêché de Cavaillon en 1624, exerça les fonctions de vice-légat d'Avignon en l'absence de Mazarin de 1634 à 1636, puis une seconde fois en l'absence de Frédéric Sforza.

Mort à Cavaillon le 13 janvier 1646 dans sa soixante-quatrième année. Il fut inhumé dans son église cathédrale.

PORTE : *Parti, au premier coupé en chef d'argent au bras de gueules sortant d'un nuage d'azur et tenant un rameau de vesces de trois pieds de sinople ; en pointe de sinople au pal d'argent, parti de gueules au pal aussi d'argent ; au deuxième d'azur à deux bisses entrelacées d'or, à la bordure engrelée d'argent et de gueules* (1).

---

1. Ms. Correnson. — La Chenaye·Desbois, *Evêques de Cavaillon* par Fornery ms. — Migne (*Dict. hérald.*).

FRÉDÉRIC SFORZA

XXV° VICE-LÉGAT. 1637 — 1645

Né à Rome le 28 janvier 1603.

Fils d'Alexandre Sforza duc de Segni et d'Eléonore des Ursins, petit-neveu du cardinal Guido Ascanio et neveu du cardinal François Sforza.

Vice-légat en 1637. Cardinal-diacre des saints Vitus et Modeste, de la deuxième création d'Innocent X, le 6 mars 1645; puis cardinal-prêtre du titre de Saint-Pierre-ès-liens en 1646, et enfin évêque de Rimini et de Catane.

PORTE : *D'azur, au lion d'or tenant une branche de coignassier au naturel* (1).

---

1. Ciacconius, t. IV, p. 677. Monnaies du cabinet de Marseille.

BERNARD PINELLI

XXVIᵉ VICE-LÉGAT. 1645

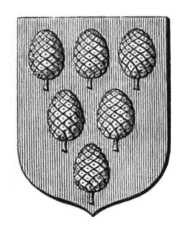

Voir à la première partie, page 85.

PORTE : *De gueules, à six pommes de pin d'or posées 3, 2 et 1.*

LAURENT CORSI

XXVIIe VICE-LÉGAT. 1645 — 1653

Né à Florence d'une famille très-noble. Il était frère du marquis Corsi de Caïazzo et oncle de Dominique Corsi ; cardinal en 1686.

Doyen des protonotaires apostoliques, référendaire de l'une et l'autre signatures (1) du pape, vice-légat et gouverneur général de la ville et de l'état d'Avignon, surintendant général de la milice pontificale dans cet Etat pour le pape Innocent X, du 31 juillet 1645 au 8 octobre 1653.

PORTE : *Tranché de sinople et de gueules au lion rampant de l'un en l'autre, à la bande d'argent brochant sur le tout* (2).

---

1. Les référendaires de l'une et l'autre signatures sont des prélats du Saint-Siége qui doivent rapporter les causes et les procès au tribunal suprême de la *signature de justice*, et à celui de la *signature de grâce*, d'où vient leur nom de prélats des deux signatures.

2. *Monnaies du cabinet de la ville de Marseille.* ms. Correnson. — *Gallia Christiana.*

DOMINIQUE DE MARINIS

XXVIIIe VICE-LÉGAT. 1653 — 1654

Voir à la première partie, page 87.

PORTE : *D'argent à trois bandes entées et ondées de sable.*

AUGUSTIN FRANCIOTI

XXIXe VICÉ-LÉGAT. 1654 — 1655

Né à Lucques. Il était neveu du cardinal de ce nom. Référendaire de l'une et l'autre signatures, archevêque de Trébizonde, vice-légat d'Avignon avec les mêmes titres et pouvoirs que ses prédécesseurs, du 5 juin 1654 au 23 décembre 1655.

PORTE : *D'argent au griffon d'azur, couronné, becqué et membré d'or* [1].

---

1. Pithon-Curt. — Sceau. — Le ms. Correnson donne la couronne d'azur.

JEAN-NICOLAS CONTI

XXXVI° VICE-LÉGAT. 1655 — 1659.

Né à Rome en 1617; il était baron romain et appartenait à la famille des ducs de Poli.

Référendaire de l'une et l'autre signatures, il fut vice-légat, vicaire, etc., etc., d'Avignon, du 23 décembre 1655 au 28 janvier 1659 (1); il devint ensuite commissaire des armes de Sa Sainteté à Bologne, Ferrare et Ravenne, puis gouverneur de Rome.

Il fut créé cardinal du titre de *Sainte-Marie-Transpontine* le 14 janvier 1664 par Alexandre VII, et pourvu en 1666 de l'évêché d'Ancône, qu'il administra pendant trente-trois ans. Il fut également nommé en 1691 évêque de Sabine et cumula ce siége avec celui d'Ancône.

Le cardinal Nicolas Conti assista aux conclaves des papes

---

1. Son administration paternelle lui valut d'universels regrets lorsqu'il quitta Avignon. Une note du ms. de M. l'abbé Correnson s'exprime à ce sujet en ces termes :

« Il s'en alla le lendemain matin (29 janvier), fut accompagné des viguiers, *consuls* de la noblesse et de tous les plus honnêtes gens de la ville, auxquels il ne voulut pas permettre qu'ils allassent plus loin que la porte Saint-Lazare, bien que plusieurs souhaitassent de l'accompagner plus loin. »

Clément IX, Clément X, Innocent XI, Alexandre VIII et Innocent XII. A ce dernier conclave il obtint même vingt-deux suffrages.

Il mourut à Ancône en 1698, âgé de quatre-vingt-un ans, après trente-quatre ans de cardinalat.

PORTE : *De gueules à l'aigle au vol abaissé, échiqueté d'or et de sable, couronné d'or* (1).

GASPARD DE LASCARIS CASTELAR

XXXIe VICE-LÉGAT. 1659 — 1664

Né au château de Castelar, près Nice; fils de Claude comte de Vintimille et de Camille de Lascaris.

Protonotaire apostolique, référendaire de l'une et l'autre signatures. Abbé de Saint-Pons au diocèse de Nice. Nommé vice-légat d'Avignon le 29 janvier 1659, il fut obligé de quitter cette ville à l'entrée des Français en 1663, mais il y fut réinstallé un an après lorsqu'ils l'évacuèrent.

---

1. *Monnaies du cabinet de Marseille.* — Ms. Correnson. — Sceau au musée Calvet.

Il abandonna définitivement la vice-légation le 24 septembre 1664 et fut pourvu de l'évêché de Carpentfas le 24 septembre 1665.

Mort dans cette dernière ville le 6 décembre 1684, et inhumé dans son église cathédrale de Saint-Siffrein.

PORTE : *De gueules, à l'aigle à deux têtes éployé d'or et couronné de même* (1).

LE COMTE DE MÉRINVILLE

Gouverneur général d'Avignon et du comtat Venaissin pour le roi de France.

OCCUPATION FRANÇAISE. 1663 — 1664.

François des Montiers, troisième du nom, comte de Merinville, Rieux et Azille, vicomte de Minerve, conseiller du roi en ses conseils d'Etat et privé, chevalier de ses ordres, lieutenant général de ses armées en son pays de Provence, gouverneur de Narbonne et de Roses, Cap de Quiers, Lampourda, château de la Trinité en Catalogne, chevalier de l'Ordre du Saint-Esprit depuis le 25 mars 1662 ; il était fils de Jean des Montiers deuxième du nom, et de Françoise de Chateigner dame de Plassac.

---

1. Fornery (*Evêq. de Carpentras*), p. 3o8. — Monnaies du cabinet de Marseille.

Marié le 11 juin 1640 à Marguerite de la Jugie, fille unique de François de la Jugie comte de Rieux, etc., etc.; il eut de cette union deux fils et une fille qui épousa Louis-François de la Baume, comte de Suze et de Rochefort.

Il mourut au mois de janvier 1672.

On sait que ce fut à la suite d'une insulte faite par la garde corse du pape au marquis de Créqui, ambassadeur de France à Rome, insulte dont le pape refusa satisfaction, que Louis XIV résolut d'enlever au Saint-Siége ses Etats d'Avignon et du Venaissin : le 26 juillet 1663, le parlement de Provence prononça la réunion de ces États à la France. Son arrêt fut immédiatement signifié au vice-légat Lascaris; on arrêta sa garde suisse et on lui enjoignit de quitter Avignon et la France, ce qu'elle fit après quelque résistance. Le baron d'Oppède, premier président, proclama solennellement l'annexion des États le 28 du même mois, et le comte de Merinville en fut nommé gouverneur. Mais cette annexion ne fut que temporaire; le 20 août 1664, en vertu du traité de Pise signé le 12 février précédent, M. de Merinville restitua ces mêmes États (1) à Mgr Chigi, nonce apostolique en France, qui en reprit possession au nom de Sa Sainteté et y réinstalla le vice-légat Lascaris.

---

1. A propos de la reddition d'Avignon à l'autorité pontificale, la riche bibliothèque de M. l'abbé Correnson me fournit une pièce originale, que je crois inédite et dont voici le texte :

« François de Montiers, comte de Mérinville, de Rieux et d'Azille, conseiller du roy en ses conseils d'estat, chevalier de ses ordres, lieutenant général en chef de ses armées et en sa province de Provence, gouverneur de la ville et diocèse de Narbonne, d'Avignon, païs et comté venaissin, etc. »

« Certifions à tous qu'il appartiendra qu'en conséquence des ordres que nous avons reçeu du roy, nous avons permis au sieur Marquis de Bransin, viguier de cette ville, de faire oster les armes du roy des enseignes où elles avoient esté mises et des autres endroits de sa juridiction, de mesme qu'il avoit fait oster celles du pape lors de l'arrest de réunion de ce païs et ville à la couronne Fait au palais rojal ce 19 aoust 1664. »

« MÉRINVILLE.

« Par Monseigneur.

« RAMBAUD. »

Sceau du comte de Mérinville, parti aa
1er de Mérinville, au 2e de la Jugie.

Porte : *Ecartelé ; au premier d'azur, à deux lions d'or passant l'un sur l'autre*, qui est Merinville ; *au deuxième d'azur, à deux lions affrontés d'or*, qui est la Jugie ; *au troisième d'or à une tige de trois lys de gueules*, qui est Morèze ; *au quatrième d'argent à la bande d'azur, accompagné de six roses de gueules*, qui est de Beaufort ; *sur le tout d'argent, à trois fasces de gueules*, qui est Desmontier (1).

ALEXANDRE COLONNA

XXXII° VICE-LÉGAT. 1664 — 1665

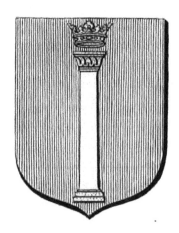

Baron romain, protonotaire apostolique, prélat domestique de Sa Sainteté, référendaire de l'une et l'autre signatures, il occupa la vice-légation du 11 septembre 1664 au 21 août 1665.

Porte : *De gueules à la colonne d'argent ayant la base et le chapiteau d'or et couronnée du même.*

---

1. Ms. Correnson. — Gourdon de Genouilhac. — Migne (*Dict. hérald.*). — La Chesnaye-Desbois.

LAURENT LOMELLINI

XXXIIIe VICE-LÉGAT 1665 — 1670.

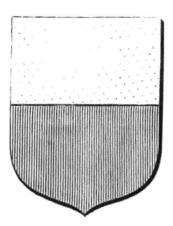

Originaire de Gênes, il était référendaire de l'une et l'autre signatures et régent de la chancellerie du Saint-Père.

Il fut vice-légat à partir du 20 août 1665 jusqu'en 1670.

A la même famille appartenaient les cardinaux *Benoît Lomellini,* légat *a latere* en Flandres auprès de Philippe II, mort à Rome en 1579, et *Jean-Jérôme Lomellini,* qui fut légat de Sa Sainteté à Bologne en 1655.

PORTE : *Coupé de gueules et d'or* (1).
Alias : *Coupé d'or et de gueules* (2).

---

1. P. Ménétrier.
2. Ms. Correnson.

AZZO ARIOSTO

XXXIV° VICE-LÉGAT. 1670.

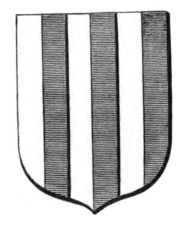

Voir à la première partie page 88.

PORTE : *Pallé d'argent et d'azur de six pièces.*

HORACE MATHEI

XXXV° VICE-LÉGAT. 1670 — 1671.

Né à Rome le 15 mars 1622.

Fils du duc Louis Mathei et de Laure Frangipani, de la famille du pape Clément X.

Vice-légat d'Avignon du 19 juillet 1670 au 5 avril 1671, puis membre du tribunal de la Rote.

Créé cardinal-prêtre du titre de Saint-Laurent par Innocent XI en 1686.

Mort le 18 janvier 1688.

PORTE : *Echiqueté d'argent et de sable, à la bande d'or ; au chef d'or chargé d'une aigle de sable* (1).

Azzo Ariosto fait de nouveau l'intérim de la vice-légation du 5 avril jusqu'au 8 août 1671.

---

1. Guarnaci, t. Ier, p. 257.

PIERRE BARGELLINI

XXXVI° VICE-LÉGAT. 1671 — 1672.

Originaire de Bologne et fils du comte Hippolyte.

Il entra jeune dans la prélature et fut chargé du gouvernement de plusieurs villes des États pontificaux, où il donna de nombreuses preuves de capacité. Consacré évêque de Thèbes *in partibus* dans l'église de Saint-Pierre de Bologne en 1671, il fut nommé à Avignon, cette même année, en qualité de vice-légat. On l'envoya ensuite, avec le titre de nonce apostolique, à la cour de Charles Emmanuel II de Savoie en 1673, et de là à celle de Louis XIV.

Il mourut peu après 1680 avec l'expectative de la dignité cardinalice, pour laquelle il était désigné.

PORTE : *Parti; d'or et de gueules au lion rampant de l'un en l'autre; au chef cousu d'azur chargé de trois fleurs de lys d'or surmontées d'un lambel de quatre pendants de gueules.* (*Concession de la maison d'Anjou* (1).

---

1. Communication ed M. de Crollalanza. — Ms. Correnson.

Azzo Ariosto remplit encore l'intérim à partir du 27 février jusqu'au 28 août 1762.

MARCEL DURAZZO

XXXVII° VICE-LÉGAT. 1672.

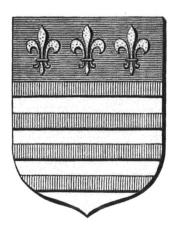

Né à Gênes le 6 mars 1630.

Fils de César Durazzo, doge de la république de Gênes, et de Jeanne Cerveti. Son aïeul Pierre et son bisaïeul Marcel avaient eu aussi les honneurs du dogat dans la même république.

Marcel fut successivement protonotaire apostolique, vice-légat de Bologne, gouverneur d'Ancône, de Viterbe et de Pérouse en 1682, visiteur de la maison de Lorette, vice-légat d'Avignon, archevêque de Chalcédoine, nonce apostolique en France, puis en Espagne en 1685, créé cardinal-prêtre du titre de Sainte-Prisque par Innocent XI le 2 septembre 1686, évêque de Carpentras, puis de Spolète, et enfin légat à Bologne.

Mort le 27 avril 1710, à l'âge de quarante ans.

PORTE : *Fascé d'argent et de gueules de huit pièces, au chef cousu d'azur chargé de trois fleurs de lys d'or* (1).

---

1. Guarnaci, t. Ier, p. 217.

HYACINTHE LIBELLI

XXXVIII° VICE-LÉGAT. 1672 — 1673.

Voir à la première partie, page 89.

PORTE : *Coupé d'azur et d'or au lion rampant de l'un en l'autre ; à la fasce de gueules chargée de trois étoiles d'or brochant sur le tout.*

CHARLES D'ANGUISCIOLA

XXXIX⁰ VICE-LÉGAT. 1673 — 1676.

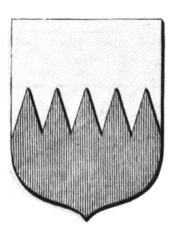

Né à Plaisance.

Référendaire de l'une et l'autre signatures, vice-légat d'Avignon depuis le 20 juillet 1673 jusqu'à sa mort, qui arriva le 17 août 1676 (1).

PORTE : *Coupé, denché d'argent et de gueules* (2).

HYACINTHE LIBELLI occupa de nouveau la vice-légation du 17 août 1676 au mois de mars 1677.

1. *Calendrier et notice de la ville d'Avignon et du comtat Venaissin* pour l'année 1671. Impr. à Avignon chez Alex. Giroud, 1761 (musée Calvet).
Je suppose qu'il devait être neveu ou arrière-neveu de Sophonisbe d'Anguisciola, femme peintre d'un certain talent, née à Crémone en 1525 et morte à Gênes en 1620; laquelle vivait à la cour de Philippe II, roi d'Espagne. Elle avait épousé en premières noces un *Moncade* et s'était fixée à Palerme; puis, à la mort de son époux, elle se remaria à un *Lomellini* et alla habiter Gênes. On a encore d'elle des portraits appréciés (Didot, *Biographie générale*.)
2. D'après une grande gravure en l'honneur de S. Louis de Gonzague, qui existe dans la classe de philosophie du grand séminaire d'Avignon et sur laquelle on voit de nombreux blasons, entre autres celui d'Anguisciola. Le ms. Corrénson le donne également, mais sans les émaux.

FRANÇOIS NICOLINI

XL° VICE-LÉGAT. 1677 — 1685.

Né à Florence d'une très-ancienne famille.

Référendaire de l'une et l'autre signatures, vice-légat d'Avignon en mars 1677 jusqu'en 1685, puis archevêque de Rhodes, assistant au trône pontifical, enfin nonce en Portugal et en France.

Mort à Paris.

PORTE : *D'azur au lion d'argent ; à la bande de gueules brochant sur le tout ; au chef cousu d'azur chargé de trois fleurs de lys d'or surmontées d'un lambel de gueules de quatre pendants* (1).

---

1. Concession de la maison d'Anjou. Ciacconius, t. III, p. 948. — Règlement de la vice-légation. — Le ms. Correnson donne, au lieu de trois fleurs de lis, *une tiare entre deux fleurs de lis.*

BALTHAZAR CENCI

XLI° VICE-LÉGAT. 1685 — 1691.

Né à Rome le 28 février 1648.

Fils de Virginius Cenci et de Victoire Veraspi. Il appartenait au patriciat romain par son père et par sa mère. Sa famille paternelle a fourni à l'Église le pape Jean X et plusieurs prélats.

Nommé vice-légat d'Avignon par Innocent XI, il en exerça les fonctions depuis le 12 décembre 1685 jusqu'au 31 juillet 1691 ; il fut ensuite pourvu de l'archevêché de Larissa le 12 décembre 1695, créé cardinal par Innocent XII le 11 novembre 1697, et enfin archevêque de Fermo en 1698.

Mort à Fermo le 26 mai 1709, inhumé dans la chapelle de la Sainte-Vierge, auprès de la grande porte.

PORTE : *Tranché, vairé d'argent et de gueules ; à six croissants, posés en deux bandes de trois, de l'un en l'autre* (1).

---

1. Guarnaci, t. I, p. 431, ms. Correnson, en tête de la dédicace d'un volume intitulé : *L'idée d'une parfaite religieuse*, par le R. P. H. Michel. In-12. Marseille, 1687.

LAURENT FIESCHI
XLIIᵉ VICE-LÉGAT. 1691 — 1692.

Voir à la première partie, page 92.

PORTE : *Bandé d'argent et d'azur de six pièces.*

MARC DELPHINI

XLIII° VICE-LÉGAT. 1692 — 1696.

Né à Venise le 5 octobre 1654.

Fils de Nicolas Delphini et d'Elisabeth Gradonici, neveu du cardinal Jean Delphini.

Evêque de Brescia, référendaire de l'une et l'autre signatures, vice-légat d'Avignon du 8 avril 1692 au 26 février 1696, créé cardinal par Innocent XIII le 14 novembre 1699, nonce apostolique auprès du roi Louis XIV.

Mort le 5 août 1704.

PORTE : *D'azur à trois dauphins d'or* (1).

───────────────────────

1. Monnaies (cabinet de Marseille). — Guarnaci, t. I, p. 511.

PHILIPPE-ANTOINE GUALTERI

XLIV° VICE-LÉGAT. 1696 — 1700.

Né à Fermo, près Orviète, le 24 mars 1660.

Fils de Stanislas Gualteri, marquis de Crognolo et d'Anne-Marie Cioli. Cette maison possédait de nombreux titres nobiliaires qu'elle tenait de Philippe V, roi d'Espagne, et de Jacques II, d'Angleterre; Sébastien Gualteri, évêque de Viterbe, qui avait été nonce apostolique auprès des rois Henri II et François III appartenait à cette famille.

Philippe-Antoine fut nommé par Alexandre VIII et ses successeurs gouverneur de la ville de Camérino, visiteur de la province des Marches, préfet de Viterbe, vice-légat d'Avignon dont il exerça les fonctions du 7 juin 1696 au 26 juillet 1700. Il devint ensuite archevêque d'Athènes, nonce apostolique auprès du roi Louis XIV, puis évêque d'Imola. Le 17 mai 1706 il fut créé cardinal-prêtre du titre de Saint-Chrysogone, légat *a latere* de la Romagne, évêque de Todi, et fit successivement partie de presque toutes les congrégations.

Louis XIV le nomma commandeur de l'ordre du Saint-Esprit.

Il mourut le 17 avril 1728, et son corps, transporté à Orviète, fut inhumé dans le tombeau de sa famille, sur lequel fut placée l'épitaphe suivante :

PHILIPPVS ANTONIVS GUALTERIVS

PRIMO VTRIVSQVE SIGNATVRÆ

REFERENDARIVS,

MOX PLVRIVM URBIVM

PROVINCIARVMQVE MODERATOR

VICE-LEGATVS AVENIONENSIS

ARCHIEPISC. ATHENARVM

ET APVD CHRISTIANISSIMVM

FRANCORVM REGEM NVNCIVS APOSTOLICVS,

S. R. E. CARDINALIS

ROMANDIOLÆ DE LATERE LEGATVS,

ANGLIÆ PROTECTOR

ET REGII ORDINIS S. SPIRITVS COMMENDATOR.

OBIIT DIE XX APRILIS ANNI M. DCCXXVIII.

PORTE : *Fascé d'or et d'azur de six pièces; au chef d'azur chargé de trois besans d'or* (1).

---

1. Guarnaci, t. II, p. 85. — Sceau au musée Calvet.

JEAN-BAPTISTE CICCI

XLVᵉ VICE-LÉGAT. 1700.

Originaire de Pérouse (1), n'a exercé les fonctions de vice-légat que pendant peu de jours. Nommé par Innocent XII le 26 juillet 1700, il ne resta à Avignon que jusqu'au 10 août de la même année.

PORTE : *De gueules chargé en chef d'une étoile d'or, en cœur d'un lambel de quatre pendants d'argent et en pointe d'un mont de trois coupeaux d'azur* ².

---

1. Les nobiliaires de Pérouse n'indiquent aucun personnage du nom de *Cicci* ou *Sicci*; peut-être ce nom a-t-il été altéré et faudrait-il lire *Secco*; dans ce cas il appartiendrait à une famille de ce nom établie à Bergame. (Communication de M. de Crollalanza.)

2. Même source. — Le sceau de ce prélat, qui fait partie des collections du musée Calvet d'Avignon, donne *une fasce crénelée et contre-crénelée en cœur*, au lieu d'un lambel.

ANTOINE-FRANÇOIS SANVITALI.

XLVI° VICE-LÉGAT, 1700 — 1703.

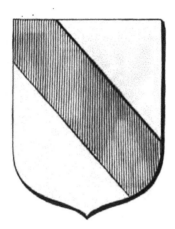

Né à Parme le 5 juillet 1660.

Fils du comte Aloysius Sanvitali et de la comtesse Florenti de Milan, veuve en premières noces du comte Bernabo Visconti.

Il fut successivement consulteur de la congrégation du Saint-Office, prélat domestique de Sa Sainteté, chanoine de la basilique de Saint-Pierre, archevêque d'Ephèse, vice-légat d'Avignon du 19 août 1700 au 31 mai 1703, nonce apostolique à Florence en 1704, cardinal-prêtre du titre de Saint-Pierre *in monto Aureo* le 15 avril 1709, et enfin évêque d'Urbin.

Mort le 17 décembre 1714, inhumé dans l'église cathédrale d'Urbin.

PORTE : *D'argent à la bande de gueules* (1).

---

1. Son sceau au musée Calvet. Guarnaci, t. II, p. 153.

ANTOINE BANCHIERI

XLVIIᵉ VICE-LÉGAT. 1703 — 1076.

Né à Pistoie le 19 mars 1667.

Fils de Nicolas Banchieri, chevalier de Saint-Étienne et de Catherine Rospigliosi, nièce par son père du pape Clément IX.

Protonotaire apostolique en 1692, consulteur du saint-office, vice-légat d'Avignon du |31 mai 1703 au 8 août 1706 ; trois ans après, nonce apostolique auprès du roi de France, préteur de Rome en 1724, créé cardinal du titre de Saint-Nicolas *in carcere Tulliano*, il fit successivement partie de presque toutes les congrégations de l'Église romaine, et entre autres de celle de la Propagation de la foi dont il était secrétaire en 1707.

Mort le 16 décembre 1733 ; inhumé à Pistoie, sa patrie, dans l'église des Jésuites.

PORTE : *Parti ; au premier d'azur, à l'aigle éployé de sable posé sur une montagne de six coupeaux d'or, tenant dans chaque serre une branche de jonc du même, le tout sur une onde d'argent ; au deuxième écartelé au 1ᵉʳ et au 4ᵉ d'or une losange d'azur; au 2ᵉ et au 4ᵉ d'azur une losange d'or,* qui est Rospigliosi (1).

FRANÇOIS-MAURICE DE GONTERI

XLVIIIᵉ VICE-LÉGAT. — 1705.

Pour la notice, voir la première partie, page 93.

PORTE : *D'azur à trois étoiles d'or posées en bande accompagnée de deux cotices du même.*

---

1. Son sceau est au musée Calvet. Guarnaci, t. II, p. 511.

SINIBALDI DORIA

XLIX° VICE-LÉGAT. 1706 — 1711.

Né à Gênes le 21 octobre 1664.

D'abord patrice de Gênes, il embrassa tardivement l'état eccl siastique, devint référendaire de l'une et l'autre signatures, vicai général apostolique, vice-légat d'Avignon et surintendant des arm de Sa Sainteté dans cet état et dans le comtat Venaissin, d 4 novembre 1706 au 12 novembre 1711 ; archevêque de Patra premier camérier d'Innocent XIII le 9 mai 1721, confirmé da cette charge par Clément XII le 2 octobre 1730, archevêque Bénévent le 21 mai 1731, cardinal du titre de Saint-Jérôme d Esclavons le 24 septembre suivant ; il fit aussi partie de nor breuses congrégations.

Mort à Bénévent le 4 décembre 1733.

PORTE : *Coupé d'or et d'argent ; à l'aigle éployé de sable, membr becqué et couronné de gueules* (1).

---

1. Son sceau au musée Calvet. Didot (*Biogr. gén.*).

ALAMAN SALVIATI

L° VICE-LÉGAT. 1711 — 1717.

Né à Florence, le 22 mars 1669, du mariage de Vincent Salviati, marquis de Montieri et de Bocchigiani, préfet au palais de Cosme III, grand-duc de Toscane, avec Laure Corsi d'une famille illustre et plusieurs fois alliée à celle des Médicis.

Protonotaire apostolique en 1707, nonce extraordinaire en France auprès du roi Louis XIV, nommé vice-légat d'Avignon et du Venaissin par Clément XI, créé cardinal du titre de Sainte-Marie *in ara cœli* le 8 février 1730, membre de la congrégation des Rites et de celle de la Propagation de la foi, légat *a latere* de la province d'Urbin qu'il avait déjà administrée comme préfet.

Mort le 24 février 1733, inhumé dans la chapelle de Saint-Antoine, sépulture de sa famille, dans l'église de Saint-Marc de Florence. Sur son tombeau figurait l'épitaphe suivante :

ALAMANVS

TITVLI S. MARIÆ IN ARA CŒLI

S. R. E. PRESB. CARD. SALVIATI FLORENTINVS

APVD GALLIARVM REGEM

EXTRA ORDINEM NVNCIVS,

AVENIONIS PROLEGATVS,

VRBINI PRÆSES,

ET MOX AMPLISSIMA DIGNITATE LEGATVS,

ET SIGNATVRÆ IVSTICIÆ PRÆFECTVS.

OBIIT VI KAL. MARTII

ANNO DOMINI M. DCC. XXXIII

ÆTATIS SVÆ LXIII MENS. XI DIES XI.

PORTE : *D'argent à trois bandes brétessées de gueules* (1).

FRANÇOIS-MAURICE DE GONTERI est pour la troisième fois invest
des fonctions de vice-légat et les exerce de 1717 à 1719.

---

1. Guarnaci, t. II, p. 560. Son sceau, au musée Calvet, donne : *banlé de six pièce
brétessées*, sans indication d'émaux.

RAINIER D'ELCI

LI° VICE-LÉGAT. 1719 — 1731.

Né à Florence le 7 mars 1670.

Il était fils de Philippe marquis de Monticiani et comte d'Elci et de Françoise Torrigiani; neveu de François d'Elci évêque de Pise, et petit-neveu du cardinal Scipion d'Elci.

Cette famille était une des branches de celle des Pannochiesch de Sienne.

Rainier fut clerc de la chambre de Sa Sainteté, référendaire de l'une et l'autre signatures le 27 mai 1700, vice-légat de l'Émilie en 1701 pendant quatre ans, puis gouverneur de Lorette, conservateur des archives ecclésiastiques, vice-légat d'Avignon et du Venaissin du 12 août 1719 au 7 mars 1731, nonce apostolique en France, archevêque de Rhodes en 1737, archevêque de Ferrare, et cardinal du titre de Sainte-Sabine le 20 décembre de la même année; il fut en outre successivement membre de plusieurs congrégations et nommé par Benoît XIV légat *a latere* de Ferrare.

PORTE : *De gueules à l'aigle à deux têtes éployé d'or, couronné de même; à la couronne impériale d'or en chef, et deux tiges de blé de même penchées l'une à dextre, l'autre à sénestre en pointe* (1).

FRANÇOIS-MAURICE DE GONTERI gère de nouveau la vice-légation par intérim du 7 mars jusqu'au 11 septembre 1731.

PHILIPPE BONDELMONTE

LII° VICE-LÉGAT 1731 — 1739.

Naquit, en 1691 à Florence, de Joseph et de Virginie de Braccio-Compagni. Il revêtit très-jeune l'habit des chevaliers de Malte pour jouir d'une commanderie que possédait sa famille à *Sancta Maria all'Imbrunetta*. Devenu adulte, il alla à Rome et entra dans la prélature, où il fut nommé référendaire des deux signatures.

Il devint ensuite gouverneur de Citta di Castello en 1721, d'Orviète en 1722, d'Ascoli en 1725, fut envoyé en qualité de gouverneur apostolique à Bénévent en 1730 pour apaiser les tumultes qui s'y étaient produits après la mort de Benoît XIII et pour instruire le procès en concussion contre le cardinal Coscia.

1.Son sceau au musée Calvet. Guarnaci, t. II, p. 719. — Frontispice du registre des archives de la ville d'Avignon de 1725 et 1726.

Il fut envoyé comme vice-légat à Avignon le 11 septembre 1731 et y exerça ces fonctions jusqu'au 8 octobre 1739. Il se trouvait dans cette ville lorsque les Français en prirent possession en 1733, et fit en cette circonstance preuve de courage en sauvegardant l'honneur du Saint-Siége.

En 1739, le pape le nomma vice-camerlingue et gouverneur de Rome ; il était désigné pour le cardinalat lorsqu'il mourut le 19 juin 1741, à l'âge de cinquante ans.

PORTE : *Parti; au premier, coupé d'azur et d'argent; au deuxième, d'argent à un mont de six coupeaux d'azur, sommé d'une croix de calvaire pattée de gueules* (1).

MARCEL CRESCENZI

LIII⁰ VICE-LÉGAT. 1739.

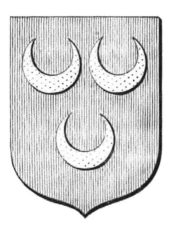

Né à Rome le 20 octobre 1694 d'une famille patricienne.

Référendaire de l'une et l'autre signatures, archevêque de Nazianze, nonce en France, il n'occupa la vice-légation que pen-

---

1. Communication de M. de Crollalanza. Le sceau de ce prélat déposé au musée Calvet indique le premier quartier *coupé d'argent et d'azur.*

dant dix jours, du 8 au 18 septembre 1739; il fut créé cardinal par Benoît XIV le 9 septembre 1753, et pourvu de la légation et de l'archevêché de Ferrare.

PORTE : *De gueules à trois croissants d'or.*

NICOLAS-MARIE LERCARI

LIV° VICE-LÉGAT. 1739 — 1744.

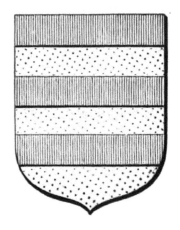

Né à Toggia, près Gênes, le 9 novembre 1675.

Fils de Jean-Thomas Lercari et de Marie-Hieronyme Lambardi.

La famille Lercari, d'origine romaine, était déjà ancienne et illustre lorsqu'elle vint s'établir à Gênes.

Nicolas-Marie a été préteur de Todi, puis de Bénévent; référendaire de l'une et l'autre signatures du pape, puis successivement gouverneur de plusieurs provinces et entre autres de celle d'Ancône; vice-légat d'Avignon pendant cinq ans, il quitta ce poste le 8 juin 1744 pour être attaché à la chambre pontificale par Benoît XIV, qui le fit archevêque de Nazianze. Il fut ensuite élevé au cardinalat le 9 décembre 1726, et prit le titre de Saint-Jean et

Saint-Paul, qu'il quitta le 11 mars 1743 pour celui de Saint-Pierre-ès-liens.

Il fut secrétaire de la congrégation de la foi jusqu'à sa mort.

Porte : *Fascé de gueules et d'or de six pièces* (1).

PASCAL AQUAIVA

LV° VICE-LÉGAT. 1744 — 1754.

Né à Naples de l'illustre famille d'Aquaviva d'Aragon des comtes de Conversano.

Référendaire de l'une et l'autre signatures, vice-légat d'Avignon de 1744 au 28 juillet 1754.

Rappelé à Rome, il fut investi du gouvernement du château Saint-Ange et nommé commissaire de la monnaie.

Porte : *Ecartelé; au 1er et au 4e parti de trois traits ; au premier d'or à quatre pals de gueules,* qui est Aragon ; *au deuxième fascé d'argent et de gueules de huit pièces,* qui est Hongrie; *au troisième d'azur semé de fleurs de lys d'or surmonté d'un lambel de*

---

1. Son sceau au musée Calvet. Guarnaci, t. II, p. 479.

gueules, qui est Provence-Sicile ; *au quatrième d'argent à la croix potencée d'or et cantonnée de quatre croisettes du même,* qui est Jérusalem; *aux deuxième et troisième quartiers d'or, au lion d'azur armé et lampassé de gueules,* qui est Aquaviva (1).

PAUL PASSIONÉI

LVI° VICE-LEGAT. 1754 — 1760.

Né à Fossombrone.

Référendaire de l'une et l'autre signatures, grand inquisiteur à Malte, vice-légat d'Avignon de 1754 au 16 mars 1760, il devint ensuite clerc de la chambre apostolique.

Il appartenait probablement à la même famille que le cardinal Dominique Passionnei mort en 1761.

PORTE : *D'or, à l'arbre arraché de sinople; avec un liston d'argent posé fasce sur le tronc et portant les mots :* Gloria in excelsis Deo (2).

---

1. *Catalogue manuscrit du cabinet des médailles de Marseille,* par Laugier.
2. Son sceau au musée Calvet. Affiches contemporaines faisant partie de la collection Tissot, à la bibliothèque de Carpentras.

FRANÇOIS-MARIE DE MANZI

LVII° VICE-LÉGAT. 1760.

Vior à la première partie, page 96.

PORTE : *Ecartelé au 1ᵉʳ et au 4ᵐᵉ d'argent à la bande d'azur, chargée d'une étoile à six rais d'argent ; au 2ᵐᵉ et au 3ᵐᵉ de gueules à la vache passante d'or la patte droite levée ; sur le tout d'azur au château de trois tours d'argent celle du milieu plus haute.*

GRÉGOIRE-ANTOINE-MARIE SALVIATI

LVIII° VICE-LÉGAT. 1760 — 1766.

Né à Rome le 12 décembre 1722; il appartenait à la maison des ducs de Florence.

Camérier d'honneur du pape Benoît XIV, référendaire de l'une et l'autre signatures, protonotaire apostolique, grand inquisiteur à Malte en 1754, puis vice-légat d'Avignon.

Créé par Pie VI, le 22 juin 1777, cardinal-diacre de Sainte-Marie *della Scala*, d'où il passa à la diaconie de Sainte-Marie *in via Lata;* membre de nombreuses congrégations, protecteur d'un grand nombre de maisons religieuses et colléges ecclésiastiques, il se montra d'une grande munificence envers ces établissements.

Il mourut à Rome dans le palais Salviati, le 7 août 1794, après six mois de cruelles souffrances, et fut inhumé dans l'église de Sainte-Marie *de la Minerve.*

PORTE : *D'argent à trois bandes bretessées de gueules* (1).

---

1. Ms. Correnson. *Calendrier de la ville d'Avignon*, imprimé par Giroud, 1761. Voir pour ses armes la note relative à Alaman Salviati, p. 223.

FRANÇOIS-MARIE DE MANZI occupe pour la seconde fois le poste de vice-légat de 1766 à 1767.

JOSEPH VINCENTINI

LIX⁰ VICE-LÉGAT. 1767 — 1768.

Né à Rieti ; fils de Horace, gouverneur des armes de la province de Sabine, qui mourut en 1750.

Joseph fut nommé référendaire des deux signatures en 1745, et, cette même année, rapporteur de la congrégation *del Buon Governo* (1). En 1753, il fut promu à la dignité d'assesseur de la congrégation générale de la chambre apostolique, et en 1755 à celle de membre actif, avec voix délibérative, de la signature de justice. En 1758, on le nomma secrétaire de la congrégation des affaires de l'hospice Saint-Michel et en la même année prélat de la congrégation *dell' Immunita* (2). En 1759, il passa secrétaire *del Buon*

---

1. La congrégation du *Buon Governo*, créée par Clément VIII, était chargée de l'administration supérieure des municipalités de toutes les communes dépendantes du Siége apostolique. Elle a été supprimée par Pie IX en 1847 et toutes ses attributions ont été dévolues au ministère de l'intérieur.

2. Cette congrégation importante traite les controverses qui regardent la liberté et l'indépendance de la juridiction ecclésiastique ; elle est juge des attentats qui se pro-

Governo, de la congrégation des affaires de la présidence camé-
rale. En 1766 il fut désigné pour la vice-légation d'Avignon, qu'il
occupait lorsque lui échut le titre de protonotaire apostolique du
nombre de participants (1).

J'ignore ce qu'il devint jusqu'à la fin de 1775 ; il est probable
que dans ce laps de temps il fut nommé abbé de Sainte-Marie
in Forfa et de Saint-Sauveur Majeur; il existe de lui *une lettre au
clergé et au peuple de la dite abbaye,* imprimée in-4° en 1774, à
Rome chez Paolo Giunchi.

En 1775 il fut sacré évêque de *Nicosie* et nommé nonce apostolique près la cour de Naples.

Ce fut sous son administration, le 11 juin 1768, que le marquis de
Rochechouard occupa Avignon, au nom du roi de France, à la
suite du refus que fit Clément XIII d'expulser les jésuites.
Vincentini, prévenu la veille de l'arrivée des troupes françaises,
avait déclaré qu'il ne céderait qu'à la force ; mais, voyant toute
résistance inutile devant l'importance des forces royales, il fit
retirer sa garde et déposer les armes (2).

Porte : *Coupé, en chef d'argent au chevron renversé de gueules
chargé de cinq étoiles d'or accompagné d'une rose sauvage
de gueules ; en pointe d'azur à trois fasces ondées d'argent* (3).

---

duisent contre cette indépendance, elle fait respecter l'immunité due aux églises et
aux lieux auxquels elle est acquise. Elle est composée du cardinal préfet, de dix-neuf
cardinaux et de neuf prélats.

1. Ces protonotaires sont des prélats du Saint-Siége. Leur nombre a été porté à
douze par Sixte V. Ils ont plusieurs priviléges, que Pie IX a étendus ou restreints,
comprenant entre autres : le droit de créer chaque année quatre docteurs et un protonotaire honoraire avec l'agrément du souverain pontife, le privilége de l'autel por-
tatif, le pouvoir de l'exemption, de la juridiction de leurs ordinaires, etc., etc. Ils
sont ainsi nommés à cause de leur nombre invariable et des émoluments auxquels ils
participent. Ils forment le collége des prélats le plus distingué, et c'est parmi eux
qu'on rencontre les charges éminentes du sacré palais de Latran.

2. Je dois la majeure partie de ces renseignements à M. de Crollalanza.

3. Le sceau de ce prélat, qui fait partie des collections du musée Calvet, rend fort
mal ce blason.

JEAN-ROGER MARQUIS DE ROCHECHOUARD

GOUVERNEUR POUR LE ROI DE FRANCE. 1768 — 1774.

(OCCUPATION FRANÇAISE.)

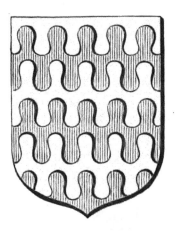

Né le 11 février 1717. Colonel du régiment d'Anjou-Infanterie, brigadier des armées du roi, maréchal de camp en 1761, lieutenant général des armées, gouverneur de Péronne, commandant en chef dans la Provence, il prit à ce dernier titre possession du gouvernement des états d'Avignon et du Venaissin le 1er juin 1768, au nom du roi dè France et sous le prétexte indiqué plus haut.

Il fut créé chevalier des ordres du roi le 13 juin 1775, et mourut à Paris le 13 mai 1776.

PORTE : *Fascé, ondé, enté d'argent et de gueules de six pièces* (1).

Cette seconde occupation, on le sait, ne devait encore être que temporaire. En 1174, à la suite de circonstances dont je n'ai point à m'occuper ici, le pape fut remis en possession de ses états, et François-Marie de Manzi, envoyé avec le titre de commissaire et vicaire général du Saint-Siége, les administra pour la troisième fois.

---

1. La Chesnaye-Desbois. Gourdon de Genouilhac.

Barjavel, dans sa *Bio-bibliographie vauclusienne*, t. Ier, p. 438, dit que cette mission fut confiée à *Joseph Doria,* nonce du pape, créé plus tard (1785) cardinal. Je crois qu'il fait erreur ; que le mar. quis de Rochechouard remit en effet la ville à Joseph Doria, mais que celui-ci en laissa le gouvernement à François de Manzi, qui le conserva jusqu'à sa mort, survenue dès le 6 novembre de la même année.

ANGE-MARIE DURINI

PRÉSIDENT (1775 — 1776).

Né le 24 mai 1726 d'une noble et ancienne famille de Milan.

Il fut envoyé par Clément XIII à Malte en qualité de grand inquisiteur, puis en Pologne en qualité de nonce ; il était en outre évêque d'Ancyre *in partibus.*

Ce prélat réunit, sous le titre de président de l'état d'Avignon et du comtat Venaissin, tous les pouvoirs de ses prédécesseurs, par lettres apostoliques de Pie VI du 22 janvier et du 2 mai 1775.

Le pape lui envoya la barrette par le marquis François Brives le 20 mai 1776 ; mais comme il ne retourna pas à Rome, il n'eut jamais le titre de cardinal.

Il mourut à l'âge de soixante et un ans dans sa villa de Babbiano sur le lac de Côme.

PORTE : *Ecartelé ; au premier d'or à l'aigle éployé de sable couronné de même ; au deuxième d'argent au cyprès de sinople posé sur une terrasse de même et soutenu par deux lionceaux de gueules ; au troisième d'argent à trois bandes d'azur ; au quatrième d'or à la guivre d'azur couronnée d'or dévorant un enfant issant de gueules, et sur le tout de gueules à un monde d'azur cintré et croisé d'or et surmonté d'une croix du même*(1).

JACQUES FILOMARINO DELLA ROCCA.

LX° VICE-LÉGAT (1776 — 1787).

Je n'ai pu me procurer aucun détail sur ce personnage, que je suppose être un arrière-neveu du cardinal *Ascanio Filomarino*,

---

1. Son sceau au musée Calvet. BARJAVEL (*Bio-bibl.*) t. Ier, p. 438. Portrait de Durini avec blason faisant partie du cabinet de M. Alph. Sangier, d'Avignon. — Affiche intitulée *Criée*, pour les funérailles de N. S. P. le pape Clément XIII, de la collection Tissot, t. VI (Bibliothèque de Carpentras).

originaire de Bénévent et archevêque de Naples, où il mourut en 1556 (1).

Tout ce que j'ai pu savoir, c'est qu'il était abbé de Saint-Jean *in Fiore*, protonotaire apostolique et référendaire de l'une et l'autre signatures.

PORTE : *D'azur à trois bandes d'or* (2).

La chronologie manuscrite de Cottier mentionne, après Durini et sans date, un prélat du nom de *Vincent* avec le titre de pro-légat; puis elle inscrit en 1776, avec le titre de vice-légat qui venait d'être rétabli, *Charles Vincent Giovio*, archevêque d'Avignon.

Je pense que ces deux dénominations désignent le même personnage, Mgr Giovio dernier archevêque d'Avignon, lequel n'a jamais été vice-légat titulaire, mais seulement vice-légat par intérim, en attendant l'arrivée du titulaire *Filomarino*.

---

1. M. l'abbé Correnson possède dans sa riche bibliothèque un grand manuscrit in-folio dans lequel on lit, à propos de ce vice-légat :

« Lista generale de tutte le dame pregate da S. E. Mgre Filomarino v. legato in occasione della festa che diede à S. A. R. il signore duca di Cumberlan il di 10 novembre 1784. Ove ci fu gran ballo, gran cena, che fu data alla sala delli Saizzeri in numero di 74 coperte. La chi lista d'invito e stata da Paolo Dolci, maestro di camera fiedelmente transcritta p. servire de regola por l'inviti da farsi in avenire di tutte le dame d'Avignon. »

Suit une liste de *cent cinq dames* représentant toute l'ancienne noblesse d'Avignon. Si toutes répondirent à l'appel, le bal dut être brillant.

2. Son sceau au musée Calvet. — Affiches contemporaines de la collection Tissot (bibliothèque de Carpentras). — Diverses pièces d'argenterie portant les armes de ce vice-légat offertes par lui à la famille de l'auteur qui les possède encore.

PHILIPPE CASONI.

LXI° VICE-LÉGAT (1787 — 1790).

Né à Sarzana, le 6 mars 1733, d'une noble famille génoise.

Il se destina de bonne heure à la carrière ecclésiastique. Nommé gouverneur de Narni et de Lorette, il fut transféré à la vice-légation d'Avignon, où il eut beaucoup à souffrir lorsque la révolution française s'empara de ce domaine du Saint-Siége.

Casoni fut le dernier vice-légat d'Avignon; il dut, cédant à la force, quitter cette ville le 12 juin 1790 et se retirer à Rome. Pie VI le nomma nonce en Espagne où il ne cessa de se montrer l'un des plus zélés défenseurs de la papauté.

Il fut créé cardinal du titre de Sainte-Marie-des-Anges le 25 février 1801 par Pie VII; plus tard, en 1806, il devint ministre et secrétaire de Sa Sainteté.

Il mourut à Rome le 9 octobre 1812, et fut enseveli dans l'église de Sainte-Marie *in Campitelli*.

Avec lui s'éteignit sa famille.

PORTE : *D'azur au château donjonné d'or, ouvert et maçonné de sable* (1).

---

1. Affiche contemporaine de cette époque, de la collection Tissot (bibliothèque de Carpentras).

TABLEAU

CHRONOLOGIQUE DES LÉGATS ET VICE-LÉGATS D'AVIGNON, DRESSÉ PAR CH. COTTIER.
EXTRAIT DU REGISTRE DE LA COLLECTION TISSOT (BIBLIOTHÈQUE DE CARPENTRAS), MODIFIÉ
D'APRÈS DIVERS DOCUMENTS.

DATES	LÉGATS	VICE-LÉGATS
1367	Philippe de Cabassole (1), avec le titre de gouverneur pendant le voyage que fit Urbain V à Rome.	
1376	Jean de Blauzac (1), avec le titre de vicaire-général après le départ d'Avignon de Grégoire XI.	
1409	Établissement de la légation d'Avignon par Alexandre V.	
	Pierre de Tourroye.	
1410	François de Conzié.	
1432	Marc Condulméro.	
	Alphonse Carillo, envoyé par le concile de Bâle avec le titre de gouverneur ou recteur.	
1433	Pierre de Foix.	
	De 1464 à 1470 vacance de six ans.	
1470	Charles de Bourbon (*arch. de Lyon*).	
1476	Julien de la Rovère.	
1503	Georges d'Amboise.	
1510	Le cardinal de Guibé (2).	
1513	Fr. Guillaume de Clermont-Lodève.	
1541	Alexandre Farnèse.	
	Les légats résidaient habituellement à Avignon, où ils avaient des lieutenants qui partageaient leurs fonctions. Le cardinal Farnèse étant retenu à Rome, les vice-légats furent institués vicaires généraux du Saint-Siége. C'est l'origine de la vice-légation.	
1542		Alexandre Campeggi.
1544		Antoine Trivulce.
1547		Camille Mentuato.
1552		Th.-Jean de Clermont-Tallard.
1554		Jacques-Marie de Sala.
1560		Alexandre Guidiccione.
1562		Laurent Lenzi.
1565	Charles de Bourbon (*arch. de Rouen*). Georges d'Armagnac (*co-légat*).	
	A dater de la mort du cardinal d'Armagnac, c'est-à-dire en 1583, la légation reste vacante jusqu'en 1593 (3).	

1. Ne sont pas mentionnés dans la *Chronologie* de Ch. COTTIER.

2. Canron ne fait commencer sa légation qu'en 1511, et le désigne improprement sous le nom de *Floret de Vitré*.

3. Ch. Cottier ne compte la vacance qu'à dater de la mort du cardinal de Bourbon

DATES	LÉGATS	VICE-LÉGATS
1583		Dominique Grimaldi (1).
1585		Guillaume le Blanc.
1585		Dominique Grimaldi.
1589		Dominique Petrucci.
1590		Dominique Grimaldi (2).
1592		Silvio Savelli.
1593	Octave Aquaviva (3).	
1596		Jean-François Bordini.
1599		Charles Conti.
1600	Cynthio Aldobrandini (4).	
1604		Pierre-François Montorio.
1607	Scipion Caffarelli.	Joseph Ferrier.
1609		François–Etienne Dulci.
1610		Philippe Philonardi.
1614		Jean-François Bagni.
1621	Louis Ludovisi.	Guillaume du Broc.
1622		Octavien Corsini.
1623	François Barberini.	Cosme Bardi.
1629		Marius Philonardi.
1633	Antoine Barberini.	
1634		Jules Mazarin.
1637		Philippe de la Bourdaissière.
		Frédéric Sforza.
1644	Camille Pamphili.	
1645		Bernard Pinelli (5).
		Laurent Corsi (5).
1650	Camille Astalli (5).	
1653		Domin'que de Marinis.
1654		Augustin Franciotti.
	De 1654 à 1657 la légation reste vacante.	
1655		Jean-N. Conti.
1657	Flavio Chigi.	
1659		Gaspa d de Lascaris.
1663	Louis XIV occupe Avignon et le comtat Venaissin. Le comte de Mérinville en est nommé gouverneur.	
1664		Alexandre Colonna.
1665		Laurent Lomellini.

(1590), mais par le fait elle date en réalité de 1585, époque de la mort du cardinal d'Armagnac, qui seul a administré, Charles de Bourbon n'ayant jamais été légat que de nom.

1. Canron ne le mentionne pas à cette date.

2. Une chronologie manuscrite, sans nom d'auteur, dont j'ai pris copie, fait durer la vice-légation de Petrucci de 1589 à 1592, et Grimaldi n'est indiqué en 1592 que comme intérimaire et pendant quelques mois seulement.

3. Canron, par une confusion évidente, fait figurer à la même date ce personnage parmi les légats sous le nom d'Octave, et parmi les vice-légats sous celui d'*Octavien*.

4. La chronique manuscrite donne à cette légation la date de 1601.

5. Ne sont pas mentionnés par Ch. Cottier.

DATES	LÉGATS	VICE-LÉGATS
	Restitution de ces états au Saint-Siége par suite du traité de Pise.	
1668	Jacques Rospigliosi.	
1670	Palluccio Altieri.	Azzo Ariosto.
		Horace Mathei (1).
1671		Azzo Ariosto (2), du 27 février au 28 août 1672.
		Pierre Bargellini (3).
1672		Azzo Ariosto, du 27 février au 28 août 1672.
		Marcel Durazzo.
1673		Hyacinthe Libelli (3).
		Charles Anguisciola.
1676		Hyacinthe Libelli, du 17 août en mars 1777.
1677	Alderon Cibo.	François Nicolini.
1685		Balthazar Cenci.
1688	Le roi se remet de nouveau en possession du comtat Venaissin et d'Avignon.	
1689	Il les rend encore au pape.	
1690	Pierre Ottoboni.	
1691		Laurent Fieschi.
	Expiration des pouvoirs du cardinal Ottoboni. Il est le dernier légat.	
1692		Marc Delphini.
1693	Établissement de la *congrégation* d'Avignon à Rome, ayant quant au gouvernement tous les pouvoirs des anciens légats, et à laquelle les vice-légats sont subordonnés.	
1696		Philippe-Antoine Gualteri.
1700		Jean-Baptiste Cicci.
		Antoine-François Sanvitali.
1703		Antoine-Banchieri.
1706		François-Maurice de Gontéri.
		Sinibaldi Doria.
1711		Alaman Salviati.
1717		François-Maurice de Gontéri.
1719		Rainier d'Elci.
1731		François-Maurice de Gontéri, du 7 mars au 11 septembre.
		Philippe Bondelmonti.
1739		Marcel Crescensi.
		Nicolas Lercari.
1744		Pascal Aquaviva.
1755		Paul Passionei (4).

1. Ne sont pas mentionnés par Ch. Cottier.
2. La chronologie manuscrite déjà citée place ce vice-légat en 1671.
3. La même cite Libelli en 1672.
4. La chronologie manuscrite déjà citée place Passionei en 1754.

DATES	LÉGATS	VICE-LÉGATS
1760		François-Marie Manzi. Grégoire Salviati.
1767 1768		François-Marie Manzi. Joseph Vincentini (1).
1769	Nouvelle occupation française. Jean Roger de Rochechouard, gouverneur d'Avignon et du comtat Venaissin pour le roi de France.	
1774	Le pays est de nouveau rendu au pape. François-Marie Manzi est nommé *commissaire et vicaire général du Saint-Siége.* Il abroge les ordonnances françaises relatives à l'administration de la justice. A la vice-légation d'Avignon, le pape substi tue une *présidence ;* le fonctionnaire investi de ce nouvel emploi prend le tit re de *président-pro-légat.*	
1775	Rétablissement de la vice-légation.	Ange-Marie Durini (2), *président.* Vincent (3), *pro-légat.*
1776 1777 1785		Charles Vincent Giovio (4). Jacques Filomarino (5). Philippe Casoni (6).
	Philippe Casoni est le dernier vice-l égat d'Avignon. Il quitte le pays au moment de la réunion à la France de l'État d'Avignon et du comtat Venaissin, réunion définitivement accomplie en 1790.	

1. N'est pas mentionné par Canron; son administration ne peut cependant être contestée. Son sceau matrice existe au musé e Calvet, d'Avignon.
2. La chronologie, déjà plusieurs fois men ti onnée, ne fait arriver Durini qu'en 1776.
3. N'est mentionné par aucun auteur. Cot ti er doit vouloir désigner *Vincent Giovio.*
4. N'est pas mentionné par Canron.
5. La chronologie déjà citée fait arriver F ilomarino en 1776.
6. La même ne place Casoni qu'en 1787.

TABLE

PAR ORDRE ALPHABÉTIQUE DES PERSONNAGES MENTIONNÉS

DANS CETTE DEUXIÈME PARTIE.

Libelli (Hyacinthe).
Lomellini (Laurent).
Ludovisi (Louis).

Manzi (François-Marie).
Marinis (Dominique).
Mathei (Horace).
Mazarin (Jules).
Mentuato (Camille).
Merinville (*comte de*).
Montorio (Pierre-François).

Nicolini (François).
Nozet (Guillaume du).

Ottoboni (Pierre).

Pamphili (Camille).
Passionei (Paul).
Petrucci (Dominique).

Philonardi (Philippe).
Pinelli (Bernard).

Rochechouart (J. Roger, *marquis de*).
Rospigliosi (Jacques).
Rovère (Julien de la).

Sala (Jean Marie).
Salviati (Alaman).
Salviati (Grégoire).
Sanvitali (Antoine-François).
Savelli (Silvio).
Sforza (Frédéric).

Tourroye (Pierre de).
Trivulce (Antoine).

Urbain V (Guillaume-Grimoard).

Vincentini (Joseph).

ECCLESIA

AVENIONENSIS

METROPOLITANA

Paris. — Imprimerie Jules Le Clere et Cⁱᵉ, rue Cassette, 29

Lightning Source UK Ltd.
Milton Keynes UK
UKHW010555110219
337000UK00006B/546/P